생물다양성 경영

'ESG경영 전문가' 최남수 교수가 소개하는
넥스트 ESG 핫이슈!
생물다양성 경영

초판 1쇄 발행 2023년 6월 20일
초판 1쇄 인쇄 2023년 6월 25일

지 은 이 최남수
발 행 인 전익균

이　　사 정정오, 김영진, 김기충
기　　획 권태형, 조양제
편　　집 김 정
디 자 인 페이지제로
관　　리 김희선, 유민정
언론홍보 (주)새빛컴즈
마 케 팅 팀메이츠

펴낸곳 새빛북스
전화 (02) 2203-1996, (031) 427-4399 **팩스** (050) 4328-4393
출판문의 및 원고투고 이메일 svcoms@naver.com
등록번호 제215-92-61832호 **등록일자** 2010. 7. 12

가격 16,000원
ISBN 979-11-91517-53-8 03320

'ESG경영 전문가'
최남수 교수가 소개하는
넥스트 ESG 핫이슈!

생물다양성 경영

최남수 지음

도서출판 새빛
SAEVIT

ESG의 두 축, 기후변화와 생물다양성

환경을 보호하고 사람을 돌보는 투명하고 윤리적인 경영을 하자는 ESG. 말 그대로 환경(E)과 사회(S), 그리고 지배구조(G)를 포괄하는 폭넓은 개념이다. ESG의 세 축을 이루는 환경과 사회, 지배구조는 균등하게 중요성을 갖지만, 지구온난화 문제가 워낙 심각한 상태이다 보니 기후변화와 탄소 감축 이슈에 논의가 집중돼온 게 현실이다. 영국의 경제잡지인 더이코노미스트는 이를 반영해 환경에만 초점을 맞추자는 제안을 하기도 했고 일부에서는 아예 'E'를 탄소Carbon를 뜻하는 'C'로 바꿔 'CSG'라는 새 간판을 달자고 지적하기도 했다.

하지만 '환경 = 기후변화'로 보던 분위기에 중요한 변화의 흐름이 생기고 있다. 생물다양성 이슈의 부상이다. 생물다양성은 동물과 식물 등 생명체의 다양성, 그리고 생명체가 지구상에 자리 잡고 있는 생태계의 다양성으로 정의된다. 즉, 동식물의 종 다양성, 동일한 종의 유전적 다양성, 그리고 생태계 다양성 등을 뜻한다. 문제는 무분별한 개발과 기후변화, 벌채와 남획 등에 따라 자연이 무너지면서 생물다양성에 빨간불이 켜졌다는 데 있다. 생물다양성 손실의 위기 상황이다.

무슨 말인지는 알겠는데 환경보호 운동을 하자는 것이냐고 얘기한다면 본질을 놓친 것이다. 물론 자연 그 자체가 소중한 가치를 갖는 만큼 이를 근거로 환경보호를 외치는 것의 중요함은 아무리 강조해도 지나치지 않을 것이다. 그러나 생물다양성 손실이 심각하게 다가오는 이유는 경제와 기업 경영이 자연에 크게 의존하고 있어 생물다양성 손실이 기업에 커다란 리스크로 작용하고 있기 때문이다. 세계 GDP의 절반이 자연에 의존하고 있다는 세계경제포럼WEF의 분석 결과는 경제와 자연이 함께 묶여 있는 현실을 정확하게 진단해주고 있다. 실제로 자연은 식량을 비롯해 물, 연료, 유전자 자원, 약품 등을 제공해준다. 또 기후를 조절하고 물을 정화하며 자연재해를 방지하는 역할도 한다. 자연이 제공하는 생태계 서비스이다. 자연이 이처럼 다양한 가치를 창출해주고 있는 만큼 이제 '자연도 자본'이라는 인식은 '기본'이 되고 있다.

비상이 걸린 생물다양성 손실이 기업 경영의 주요 이슈로 부각된 것은 두 갈래의 움직임에 따른 것이다. 하나는 국제 논의의 본격화이다. 선진국을 중심으로 국제 사회는 문제의 심각성에 공감하고 생물다양성 손실에 적극적으로 대응하기 위한 방안을 협의해왔고, 마침내 2022년 말에 육지와 해상의 30%를 보호지역으로 정해 보전·관리하는 것을 골자로 한 '글로벌 생물다양성 프레임워크'인 GBFGloabl Biological Framework를 채택했다.

GBF는 기후변화 대응을 위해 산업화 이전에 대비한 지구의 기온상승 폭을 1.5℃로 제한하자는 파리기후협약의 '자연 버전'으로 받아들여지고 있다. 더구나 기후변화와 생물다양성은 이인삼각二人三脚처럼 서로 맞물려 있다. 예컨대 기후변화에 따른 산호초의 훼손은 산호초에 서식해온 어류를 멸종 위기로 내몰고 있다. 또 농업과 축산 목적의 열대우림 벌채는 숲의 탄소 흡수 능력을 해쳐 지구 기온을 더욱 올리는 요인이 되고 있다. GBF의 채택에 따라 앞으로 자연을 보호하고 회복시키기 위한 노력은 제도화된 틀 속에서 진행되게 됐다. 결국 ESG의 환경 대응은 기후변화와 생물다양성이라는 두 축을 중심으로 전개될 것으로 보인다.

투자자들의 적극적인 움직임도 생물다양성 이슈가 주목을 받고 있는 또 다른 배경이 되고 있다. 투자자들은 ESG를 기업의 리스크로 봤던 것처럼 생물다양성도 기업의 중요한 리스크로 보고 있다. 생물다양성 손실이 기업 경영에 부정적 영향을 미쳐 투자 손실을 가져올 것으로 우려하고 있다는 얘기다. 그런 만큼 투자자들은 기업이 생물다양성 문제에 대해 적극적으로 대응해주기를, 다시 말해 자연을 보존하고 회복시켜 경영 리스크를 줄여줄 것을 요구하고 있다. 이와 관련해 자연 관련 새로운 공시 프레임워크인 TNFD(자연 관련 재무정보 공개 협의체)가 성안되고 있다. TNFD는 자연 관련 리스크와 기회에 기업이 어떻게 대응하고 이게 전략과 사업 전반에 어떻게 녹아들어 있는지를 파악하는 데 초점을 맞추고 있다. 공교롭게도 기후공시 최종안이 올해 6월 말에 나오는 데 이어 9월 중에는 TNFD 최종안이 공표될 예정이다. 이렇게 되면 기후공시와 자연 공시, 두 개의 표준들이 완성돼 실제 시행을 위한 절차에 들어가게 되는 셈이다. 생물다양성이 기후변화와 함께 경영의 전략적 이슈가 됨은 물론 공시의 대상이 되는 것이다. 이는 생물다양성 경영 시대의 개막을 뜻한다.

필자는 2021년 1월 국내 첫 ESG 서적인 『이해관계자 자본주의(이젠 ESG 경영 시대)』를 펴낸 데 이어 2022년 10월에는 지속가능공시, 공급망 실사 등으로 중심으로 ESG가 제도화되는 추세를 소개한 『넥스트 ESG』를 출간했다. ESG 관련 세 번째 저서인 이번 책 또한 새롭게 떠오른 ESG의 핵심 이슈인 생물다양성에 대해 다양한 논의를 소개하려 노력했다. 다만 생물학 전문가가 아닌 한계로 생물다양성 손실 그 자체에 대해서는 기본적인 논의를 알리는 데 그쳤다. 필자가 더 중점을 둔 것은 경제 및 경영의 맥락에서 진단하는 생물다양성이다. 즉 기업 활동이 생물다양성을 어떻게 훼손하고 이 결과로 나타난 생물다양성 손실이 어떻게 기업 경영의 위기 요인으로 작용하는지, 그리고 이 중대한 문제를 해결하기 위해 어떤 제도적 틀이 마련되고 있는지, 또 기업은 새로운 과제로 떠오른 생물다양성 경영을 어떻게 펼쳐가야 하는지 등을 심도있게 다뤄보려 했다. 이 점이 이 책이 갖는 의의라고 할 수 있다.

이 책의 제1장은 자연이 무너지고 있는 상황과 그렇게 된 이유는 무엇인지에 대해 다뤘다. 제2장은 생물다양성 손실이 기업 입장에서 봤을 때 어떤 문제를 가져오는지에 대해 진단해봤다. 제3장은 자연을 보존하고 회복시키기 위한 국제 논의가 진행돼온 과정과 그 결과로 채택된 GBF의 내용, 그리고 현재 만들어지고 있는 자연공시 프레임워크인 TNFD를 집중적으로 소개했다. 마지막 장인 제4장에서는 생물다양성이 경영의 핵심 이슈가 된 만큼 기업이 생물다양성 경영을 본격화하기 위해서는 어떻게 접근하는 게 바람직한지에 대해 정리해봤다.

ESG 관련 세 번째 저술. 부족하지만 관련 이슈과 흐름을 꾸준히 추적하고 몰입해온 과정의 결과물이다. 능력과 지혜를 주신 하나님께 감사드린다. '삶의 동지'로 동행하고 있는 아내, 늘 등 두드려주시는 어머님과 장모님을 비롯한 가족에게 사랑의 마음을 전한다. 오랜 기간 출간의 동행을 해오신 도서출판 새빛의 전익균 대표님과 임직원께도 감사한 마음이다.

아무쪼록 기업이 생물다양성의 중요성을 인식하고 진정성 있는 대응을 해나가는 데 이 책이 디딤돌의 역할을 할 수 있기를 바래본다. 또한 생물다양성의 중요성에 대한 일반 독자의 공감대도 형성되는 데 도움이 되기를 기대해본다. 더 크게는 ESG로 기업이 바뀌고 세상과 경제가 환경과 사람을 돌보는 'ESG의 기본'을 지키며 발전해갔으면 하는 게 필자의 소망이다.

2023년 6월

우보愚步 최남수

차례

3 기후변화 다음은 생물다양성

4 '네이처 포지티브' 생물다양성 경영

1

임계점에 다다른 자연

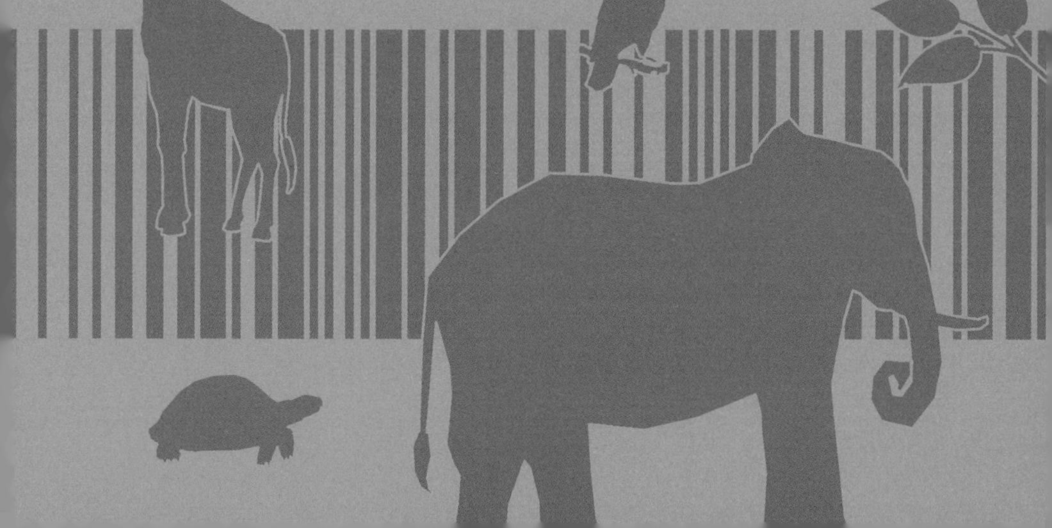

문명의 무분별한 '침입'으로 자연이 무너지고 있다.

선진국 클럽인 OECD(경제협력개발기구)는

생물다양성 손실로 지구가 6차 대멸종 위기에 직면해있다며

향후 수백만 년 동안 모든 생물에 영향을 미칠 것이라고 경고하고 있다.

OECD는 특히 20세기에만 해도 477종의 척추동물이

멸종된 것으로 보인다고 추정하고 있다.

이스터섬과 아마존 숲

칠레 해안에서 서쪽으로 3,700km, 그리고 폴리네시아의 핏케언섬으로부터 2,100km가 떨어진 곳에 위치한 이스터섬. 바다에서 솟아오른 화산으로 이루어진 넓이 171km²의 작은 섬이다. 이 섬은 1200년경 폴리네시아인들이 들어가 집약적인 농경 생활을 하며 거주했다. 인구는 최대 3만 명 수준이었다. 이 섬은 '모아이moai'라는 거석상과 '아후ahu'라고 불리는 돌기단으로 널리 알려져 있다. 아열대 기후인 이스터섬은 울창하게 우거진 숲속에서 다양한 동식물이 서식하는 곳이었다.

그런데 이 섬의 자연은 일정 기간을 거치면서 철저하게 파괴되었다. 대부분 나무가 멸종됐고 육지 새는 자취를 감췄으며 바닷새도 대부분 이스터섬을 떠났다. 제레드 다이아몬드는 저서 『문명의 붕괴』에서 인간에 의한 삼림 파괴를 그 원인으로 든다.[1] “모든 증거로 판단하건대 인간이 이스터섬에 정착하고 곧바로 삼림 벌채가 시작되었고, 1400년경에 최고조에 이르렀으며, 지역에 따라 편차가 있었지만 1400년대 초부터 1600년대 사이에 거의 끝난 듯하다”.

사람들은 여러 가지 이유로 마구잡이로 나무를 베었을 것이다. 고기잡이용 카누를 만들기 위해서, 또 씨족들이 더 큰 석상을 만드는 경쟁을 벌이면서 석상을 운반하고 세우는 데 필요한 목재와 밧줄을 만들기 위해 많은 나무가 베어졌을 것이라고 전문가들은 추정한다. 그 결과 삼림 전체가 사라지면서 대부분 수종이 멸종되었다. 문제는 여기에 그치지 않았다. 나무가 없어지면서 토양이 대대적으로 침식되기 시작했고, 이 때문에 낮은 지대의 밭지대는 버려진 땅이 되고 말았다. 결국 이스터섬은 사람이 살기 어려운 곳이 되면서 인구의 90% 정도가 사라지는 비극을 맞게 됐다. 다이아몬드는 “이스터섬은 세계적으로 삼림 파괴의 결과를 보여주는 가장 극단적인 예”라고 평가한다. 문명이 앞뒤를 가리지 않고 자연을 파괴하면서 스스로 붕괴한 사회의 전형을

1 제레드 다이아몬드(2015), 『문명의 붕괴』, 김영사

보여주고 있다는 것이다.

이스터섬의 사례는 자연을 마구잡이로 훼손하면 어떤 파국이 일어나는지를 경고해주고 있다. 여기에서 '자연'이라고 하는 일반적인 단어를 '생물다양성'이라는 용어로 대체해보고자 한다. 생물다양성은 1980년대 말에 생긴 신조어로 생물학적 다양성 biological diversity를 줄인 말이다. 한 마디로 다양한 생물이 존재하는 상태를 뜻한다. 프랑스 생태학자인 브뤼노 파디와 프레데릭 메다이는 생물다양성을 이렇게 정의하고 있다.

> 생물다양성은 미생물을 포함한 동물과 식물 등 모든 생명체의 다양성, 그리고 생명체가 지구상에 자리 잡고 있는 모든 환경, 즉 생태계의 다양성으로 정의된다. 다시 말하면, 어떤 생태계 내에 존재하는 동식물의 종 다양성, 동일한 종의 여러 개체군(일정한 시간, 동일한 공간에서 살고 있는 생물 집단 또는 그 일부)에 존재하는 유전적 다양성, 그리고 지구의 생물 지리학적 지역, 곧 생태권역에 존재하는 생태계 다양성 등으로 구분할 수도 있다.[2]

생물다양성법 제2조는 생물다양성이 '육상 생태계 및 수상

2 브뤼노 파디·프레데릭 메다이(2006), 김성희 옮김, 『생물 다양성을 보전할 수 있을까?』, 민음인

생태계와 이들의 복합생태계를 포함하는 모든 원천에서 발생한 생물체의 다양성, 종내種內·종간種間 및 생태계의 다양성을 포함한다'고 정의하고 있다. UN의 경우는 생물다양성을 "지상, 해상, 그리고 수생 생태계 생물의 변동성을 뜻하는데 여기에는 종 내부와 종 자체의 다양성, 그리고 생태계의 다양성이 포함된다"고 규정하고 있다. 이스터섬의 역사는 이 생물다양성이 되돌릴 수 없을 정도로 훼손된 게 사회를 무너뜨린 요인이 됐다는 점을 잘 보여주고 있다.

이보다 훨씬 오래전에 생물다양성의 심각한 손실은 생물의 대멸종을 가져오는 도화선이 되기도 했던 것으로 지적되고 있다. 학자들은 그동안 지구에 다섯 번의 생물 대멸종이 있었다고 얘기한다. 생물다양성과 관련해 언급하고자 하는 사건은 2억 5000만 년 전에 일어난 것으로 추정되는 페름기 대멸종이다. 통상 대멸종하면 공룡이 사라진 다섯 번째 대멸종이 자주 얘기되곤 한다. 하지만 그 극심함 정도로 비교하면 페름기 대멸종이 압도적이었던 것으로 평가받고 있다. 거대한 화산폭발과 기후변화가 원인으로 지적되고 있는데 95%의 생물이 이로 인해 아예 자취를 감춰버렸다는 것이다.[3]

3 곽재식(2022), 『지구는 괜찮아, 우리가 문제지』, 어크로스

그런데 최근 미국과 영국, 중국 등의 학자들이 생물다양성 손실이 페름기 대멸종의 전조前兆가 됐다는 공동연구 결과를 내놓아 주목을 끌고 있다. 이들 학자는 남중국해에서 화석을 채취한 다음 대멸종 이전과 중간, 그리고 이후의 해양 생태계 변화를 분석한 결과, 생물다양성 손실이 이후에 나타난 생태계 붕괴의 전조가 됐다고 주장했다. 이들은 페름기 대멸종은 생물다양성 손실이 지구에 미치는 영향을 분석할 수 있는 좋은 실마리를 주고 있다고 평가하면서 종의 손실이 먼저 일어나고 이로부터 6000년 후에 생태계가 붕괴했다고 결론을 내렸다.[4] 이번 연구 결과와 관련해 큰 우려가 제기되고 있는 점은 페름기 대멸종 당시보다 현재 생물다양성의 손실 속도가 더 빠르게 진행되고 있다는 사실이다. 생물다양성이 빠르게 훼손돼가고 있는 현상을 가볍게 넘길 수 없는 이유이다.

지금까지 우리는 생물다양성의 심각한 훼손 또는 손실이 사회의 붕괴나 생물의 대멸종이라는 참혹한 결과를 가져올 수 있음을 역사적 사례를 통해 알아보았다. 이런 문제 제기로 이 책을 시작하는 것은 생물다양성 이슈에 대해 이른바 '공포 마케팅'을 하려고 하는 것은 아니다. 크게 우려가 될 정도로 빠르게 생물다

4 Science News(2023.2.24.), 'New Study Reveals Biodiversity Loss Drove Ecological Collapse After the "Great Dying"'

양성이 손실되고 있는 현재의 추세에 비춰 우리가 이를 그대로 두면 어떤 결과를 맞이할 수 있는지 경각심을 일깨우고 대응을 촉구하기 위한 것이다. 이 책을 통해 생물다양성 손실의 위기 상황을 전하고 절박한 대응의 필요성에 대한 공감을 확산시킬 수 있으면 하는 바램이다.

그러면 여기에서 자연 훼손 또는 생물다양성 손실이 현재 진행형으로 일어나고 있는 지역으로 가보자. 바로 남미의 아마존 숲이다. 아마존강 유역은 면적이 모두 700만km^2로 남미 지역의 40% 정도를 차지하고 있다. 그중 550만km^2가 열대우림 지역이다. 세계 최대 규모인 아마존 열대우림은 8개 나라에 걸쳐있는데 60%는 브라질 영토이다. 페루가 13%, 그리고 볼리비아와 콜롬비아가 각각 7%를 점유하고 있다. 그래서 아마존 하면 브라질을 주로 얘기하는 것이다.

아마존과 같은 열대우림에는 지구상에 있는 종 중 25% 이상이 서식하고 있다. 세계은행은 아마존 열대우림에 대해 다음과 같이 설명하고 있다.

아마존 열대우림은 전 세계 생물권의 중요한 요소이며 글로벌 공공재이다. 생태계 서비스를 제공함으로써 국제 사회를 이롭게 하고 있기 때문이다. 아마존 열대우림은 전 세계 종의 4분의 1가량의 서식지이고, 전체 광합성의 약 15%가 발생하고 있다. 또 기후변화를 가져오는 탄소를 흡수하는 주요 지역이며 공기의 흐름을 원활하게 하는 역할을 하고 있다. 하지만 삼림 파괴가 일어나면서 환경이 가장 위협받는 지역이기도 하다.[5]

세계은행이 지적했듯이 아마존 열대우림은 현재 삼림 파괴 문제에 직면해있다. 글로벌 공공재인 아마존 숲이 심각하게 훼손되면서 생물다양성도 위협을 받고 있다. 영국 의회의 집계를 보면, 아마존 지역의 삼림 파괴 규모는 지난 2003년과 2004년의 250만 헥타르에서 2012년에는 50만 헥타르로 크게 줄었지만, 다시 증가추세로 돌아서 2021년에는 130만 헥타르로 2006년 이후 최대 수준을 기록했다.[6] 글로벌 포레스트 워치Global Forest Watch에 따르면 지난 2020년부터 2022년 사이에 브라질은 2,620만 헥타르의 열대우림을 잃었는데 이는 전체 우림의 7.7%에 해당하는 규모이다. 브라질에서는 특히 불법 벌목 등을 권장한 보우소나르 전 대통령이 취임한 2019년부터 삼림 파괴가 가속화됐다. 2019년 6월에만 삼림 파괴 규모가 전년동기대비 무려 88%의 증가율을 기록했으

5 Jhon Strand 등(2019.3.), World Bank Policy Research Working Paper 8775, 『Willingness to pay for protection of the Amazon rainforest』, World Bank
6 U.K. Parliament(2021), 'Deforestation in the Amazon'

며 2021년에도 22%나 늘어나 연간 증가율로는 2006년 이후 가장 높은 증가율을 나타냈다. 그 결과 현재 아마존 지역의 26%가 심각하게 훼손된 상태로 분석되고 있다. 이는 학계에서 삼림 파괴의 임계점으로 보고 있는 20~25% 선을 넘어선 수준이다.

아마존 열대우림 지역에서 삼림 파괴가 일어나고 있는 것은 크게 6가지 이유 때문이다. 먼저, 소 방목이 가장 큰 이유이다. 소를 방목하는 기업들이 점유하고 있는 삼림 파괴 지역은 전체의 75%에 이르고 있다. 다음으로 목재 수송 등을 위한 도로 확장, 대규모 상업적 농업, 소규모 영농, 대규모 상업적 또는 불법 벌채, 채굴, 수력발전도 삼림을 파괴하고 있다. 마지막으로 숲을 없애 농사지을 땅을 마련하기 위한 의도적 방화도 삼림을 크게 훼손하고 있다. 2020년의 경우 아마존 숲에서의 화재는 10년 만의 최고 건수를 기록했으며 2021년에도 비슷한 수준을 유지했다.

아마존 열대우림 지역에서의 만연된 삼림 파괴는 생물다양성과 경제에 커다란 부정적 영향을 미치고 있다는 데 문제의 심각성이 있다. 화재만 하더라도 멸종 위기에 놓인 종의 77.3~85.2%에 나쁜 영향을 미치는 것으로 분석되고 있다.[7] 이뿐만이 아니다.

---

7 Nature(2021.9.), 'How deregulation, drought, and increasing fire impact Amazonian biodiversity', vol 597

삼림 파괴는 가뭄 기간을 늘리고 4억 2,200만 달러만큼 브라질의 농업 생산을 감축시킬 수 있는 것으로 우려되고 있다. 세계의 주요 식량 수출국인 브라질에서 농업 생산이 급감할 경우 이는 세계적으로 곡물 가격의 불안정성이 심화될 것임을 예고해주는 것이다.

자연이 무너지고 있다

지금까지 살펴본 아마존 숲의 상황은 전 세계적으로 진행되고 있는 생물다양성 손실의 일부분에 불과하다는 데 문제의 심각성이 있다. 문명의 무분별한 '침입'으로 자연이 무너지고 있다. 선진국 클럽인 OECD경제협력개발기구는 생물다양성 손실로 지구가 6차 대멸종 위기에 직면해있다며 향후 수백만 년 동안 모든 생물에 영향을 미칠 것이라고 경고하고 있다. OECD는 특히 20세기에만 해도 477종의 척추동물이 멸종된 것으로 보인다고 추정하고 있다.[8] 또 국제자연보존연맹International Union for Conservation of Nature에 따르면 '적색 목록Red List'에 올라있는 9만 6,500종 중 27%가 넘는

8 OECD(2019.5.), 'Biodiversity: Finance and the Economic and Business Case for Action'

2만 6,500 종이 멸종 위기에 직면해있는 것으로 나타났다. 여기에는 양서류의 40%, 침엽수의 34%, 산호초의 33%, 상어와 가오리의 31%, 그리고 조류의 14%가 포함돼있다. 이 같은 상황은 인류가 토양과 해상, 그리고 수생 생태계를 파괴하고 훼손해온 데 따른 것이다. 세계경제포럼WEF은 '2020 글로벌 리스크 보고서'에서 생물다양성 손실을 상위 5대 리스크 중 하나로 꼽기도 했다. 생물다양성 손실이 얼마나 심각한 상황인지를 잘 보여주고 있다.

그 현장으로 가보자. 요즘 우리는 미디어 보도를 통해 꿀벌이 사라지고 있다는 뉴스를 자주 접하고 있다. 자연에서 화분을 매개하는 곤충으로는 벌, 나비, 파리, 꽃등에 등이 있으나 화분매개 곤충으로 이용 비율이 가장 높은 곤충은 꿀벌이다. 국내에서는 그 비율이 70%에 이르고 있다. 양봉업의 발달로 꿀벌을 생산하고 조달하는 게 용이하며 다양한 작물에 투입할 수 있는 이점이 있기 때문이다. 그런데 지난 3월 초 기준으로 전국 양봉농가에서 사라진 월동군은 모두 39만 517군에 달했다. 1군에 꿀벌이 2만 마리쯤 있었다고 가정하면 78억 마리 이상의 벌이 자취를 감춘 셈이라고 한다. 한 연구 결과를 보면 꿀벌 등 곤충의 화분매개는 경제적으로 5조 원의 가치를 가진 것으로 추산되고 있다. 이는 전체 농작물 생산의 26%를 차지하는 규모이다. 이 5조 원 중 75%는 꿀벌에 의해 창출되고 나머지는 야생벌 등이 기여하는 부분이라고 한다.[9] 또 다른 연구에서는 2020년 기준으로 꿀벌의 화분매개 가치가 이보다 많은 6조 6,001억 원으로 추정됐다. 이 같은 연구 결과를 고려하면 꿀벌이 사라지는 현상은 경제적으로 큰 피해를 가져오고 있는 것으로 우려된다.[10] 꿀벌이 사라지는 추세는 우리나라에만 있는 현상이 아니다. 유럽 지역의 벨기에, 스웨덴, 덴마크 같은 국가에서는 꿀벌 군집이 겨울마다 20% 이상 사라지고 있는 것으로 보고됐다. 2017년에서 2018년으로 넘어가는 겨울에는 포르투갈, 북아일랜드, 이탈리아에서 서식하는 꿀벌 군집의 4분의 1이 죽고 말았다. 상황이 이렇게 심각하게 돌아가다 보니 어쩔 수 없이 인공 수분이 이뤄지고 있기도 하다. 미국 캘리포니아 지역의 아몬드 농가의 경우 벌이 사라지자 멀리 떨어진 동부 지역에서 벌을 수송해와 수분을 시도하고 있을 정도이다.

더 우려되는 점은 이런 현상이 곤충 전반에서 일어나고 있다는 데 있다. 가디언의 환경 전문기자인 올리버 밀먼은 저서 『인섹타겟돈』에서 곤충이 사라지는 세계를 생생하게 그려내고 있다.[11] 이 책이 소개하고 있는 다양한 연구 결과에 따르면 전 세계

9 정철의(2017.12.), 『농작물생산에 영향을 미치는 화분매개곤충의 경제적 가치 평가』, 농촌진흥청
10 이정민·김연중·김부영·박준홍(2022.12.1.), 『기후변화에 대응한 양봉업의 화분매개가치 측정 연구』, 한국농촌경제연구원
11 올리버 밀먼(2022.12.), 황선영 옮김, 『인섹타겟돈』, 블랙피쉬

곤충의 40%가 감소했으며 3분의 1이 당장 멸종 위기에 놓였거나 향후 몇십 년 안에 그런 위기에 직면할 것으로 보인다. 국가별로 보면 미국 전역에서 호박벌이 사라졌고, 일본에서는 나비의 수가 줄어들고 있다. 또 이탈리아에서는 쇠똥구리가 자취를 감췄고, 핀란드의 개울에서는 더 이상 잠자리를 볼 수가 없다. 영국에서는 곤충의 분포 구역이 1970년대 이후 평균 10% 감소했다. 곤충이 이처럼 크게 줄어들고 있는 것은 서식지 파괴, 살충제 남용, 기후변화, 외래종의 침입 등 때문이다. 특히 기후변화는 곤충에 타격을 가하고 있다. 지구의 기온이 상승함에 따라 곤충이 서식 가능한 지역이 빠르게 축소되고 있다. 이와 함께 지구온난화를 가져오는 이산화탄소가 많아지면서 식물의 영양소가 적어졌고 이에 따라 곤충들이 영양실조에 걸리는 문제가 일어나고 있다. 심지어 메뚜기는 기후변화 탓에 굶어 죽고 있다는 연구 결과가 나오기도 했다.

지금까지 우리는 꿀벌을 비롯해 곤충이 점점 사라져가고 있는 현상에 대해 알아보았다. 심각한 문제는 곤충의 감소가 더 큰 틀에서 생물다양성 손실의 '부분 집합'에 불과하다는 데 있다. 생물다양성 자체가 크게 흔들리고 있다는 얘기다. 실상을 상세하게 들여다 보자.

세계자연기금은 이와 관련해 포괄적인 내용을 담은 종합 보고서를 매년 내놓고 있다. 가장 최근에 나온 '지구생명 보고서 2022Living Planet Report 2022'를 보면 지난 1970년부터 2018년 사이에 관찰된 야생동물 개체군 규모가 평균 69%나 감소한 것으로 나타났다.[12] 정말 심각한 수준이다. 이런 과정에서 약 100만 종의 동식물이 멸종 위기에 직면해있다. 조류와 포유류, 양서류, 파충류 및 어류의 경우 전체의 1~2.5%는 이미 멸종했다. 지구의 기후를 조절하고 탄소를 저장하는 유용한 기능을 하는 숲도 이제는 매년 포르투갈 면적에 해당하는 1,000만 헥타르 정도가 사라지고 있다. WWF는 삼림 파괴로 인해 수십억 인구의 식량 안보와 수백만 명의 생계가 위험한 상황에 빠질 수 있다고 경고하고 있다. 이뿐만이 아니다. 염분이 없는 강이나 호수 같은 담수에서도 생물다양성이 빠른 속도로 훼손되고 있다. 담수 지구생명지수는 포유류, 조류, 양서류, 파충류 및 어류 6,617개 개체군의 상태를 측정한 지표인데 이들 개체군의 규모도 1970년 이래 무려 83%나 줄어든 것으로 나타났다. 이 중 담수 서식지에 계속 살거나 일정 기간 머무는 회유성 담수 어종은 1970년부터 2016년까지 평균 76% 감소했다. 바다도 예외가 아니다. 상어와 가오리의 경우 18종의 개체수가 지난 50년 동안 71%나 감소했다. 감소율이 7, 80%에 이르니 이 정도면 거의 '초토화' 상태라고 할 수 있다. 생

12 세계자연기금(WWF), '지구생명 보고서 2022(Living Planet Report 2022)'

물다양성이 이처럼 무너지고 있는 것은 인류가 지구를 정상적인 수준보다 최소 75% 이상 더 쓰고 있는데 따른 것이다. 우리가 살고 있는 것은 지구 1개인데 실제로는 지구 1.75개에 살고 있는 것처럼 사용해 생태자원이 남용되고 있다는 얘기다. WWF는 "향후 몇 십년에 걸쳐 기후변화와 생물다양성 손실이 제대로 다루어지지 않는다면, 상황이 더욱 악화되고 인간에 대한 자연의 기여가 사라질 것으로 예상된다"고 강조하고 있다.

생물다양성 손실과 관련해서 OECD도 경고의 목소리를 내고 있다. 좀 오래된 통계이긴 하지만 OECD 통계를 보면, 지난 2010년부터 2015년 사이에 숲이 줄어든 면적은 영국보다도 넓은 650만 헥타르에 달하고 있고, 습지도 1970년부터 2015년 사이에 35%가 감소했다.[13] 또 1970년 이래 척추동물의 감소율은 60%를 기록했으며 산호초의 30% 이상이 백화白化의 위기에 직면해있다. 특히 산호초는 지구 기온이 산업화 이전보다 1.5℃ 올라가면 추가로 70~90%가, 2℃가 상승하면 99% 이상이 사라질 것으로 예측되고 있다. 산호초는 기후변화의 직격탄을 맞고 있다. OECD는 이같은 종의 멸종 속도는 인류 출현 이전보다 1,000배나 빠른 상태이며 이런 속도가 이어질 경우 지구는 여섯 번 째 대멸종에

---

13 OECD(2019.5.), 'Biodiversity: Finance and the Economic and Business Case for Action'

직면할 수 있다고 경고하고 있다. 생태계가 '티핑 포인트tipping point'에 다가서고 있다는 게 OECD의 진단이다. 다시 말해 생태계가 이 점을 넘어서면 작은 외부의 압박만 가해져도 되돌릴 수 없을 정도의 급속한 부정적 변화가 가시화될 것이란 얘기다. 생물다양성 손실의 위험 수위가 차오를 만큼 차오른 것이다.

그러면 여기에서 부문별로 생물다양성 손실 현황을 좀 더 자세하게 살펴보자. 유엔환경계획United Nations Environment Programme이 발간한 '생태계 회복ECOSYSTEM RESORATION'이란 자료가 이를 잘 정리해놓고 있다.[14] 먼저 농지. 현재 전 세계적으로 최소한 20억 명이 농업에 생계를 의존하고 있다. 하지만 농지가 훼손되면서 곡물 생산량이 줄어들고 있다. 건조화, 염류화, 탄소 감소 등으로 훼손되고 있는 농지는 전체의 80% 수준으로 추산되고 있는데 이같은 농지 훼손으로 오는 2040년까지 식량 생산성이 12% 떨어져 식량 가격이 최대 30% 급등할 것으로 우려되고 있다. 다음은 숲. 광범위한 삼림 파괴가 문제다. 이로 인해 지난 2015년부터 2020년 사이에 1,000만 헥타르 가량의 숲이 사라졌는데 이같은 추세에 제동이 걸리지 않으면 숲은 2050년까지 무려 2억 2,300만 헥타르가 축소될 것으로 우려된다. 삼림 파괴는 특히 숲속이나 부

14 United Nations Envoronment Programme(2021), 'ECOSYSTEM RESTORATION 2021-2030'

근에서 사는 17억 5,000만 명의 주민에게 부정적 영향을 미칠 것으로 보인다.

세 번째는 담수 지역이다. 주목할 점은 지난 1900년 이래 습지의 64~71%가 사라졌다는 사실이다. 아시아 지역의 해안과 내륙 습지에서 대규모 개발이 진행되고 있는 게 주요 이유이다. 이에 따른 담수 생태계의 훼손은 물 부족 사태를 가져와 세계적으로 5억 명이 심각한 물 부족으로 어려움을 겪고 있다. 네 번째 부문은 초원과 관목지인데 농업으로 인해 초원의 70%가 사라지거나 훼손된 것으로 추정되고 있다. 해양과 해변 지역도 심각한 상황에 놓여 있다. 상업용 어류의 3분의 1은 현재 과잉 어획의 문제에 직면해 있다. 또 해마다 150만~241만 톤의 플라스틱이 바다에 흘러 들어가 해양이 제공하는 생태계 서비스를 1~5%(5,000억~2조 5,000억 달러 가치) 감소시키고 있다. 해수 온도 상승과 산성화도 이슈이다. 해양 산성화가 계속되면 오는 2100년까지 매년 1조 달러의 손실이 발생할 것으로 우려된다. 특히 온실가스 배출이 급격하게 줄어들지 않으면 금세기말에는 백화 현상과 산성화로 모든 산호초가 사라질 것이라는 엄중한 경고가 나오고 있다. 또 해안 지역의 개발이 무분별하게 확대되면서 세계 맹그로브의 20%가 사라지고 있다. 또 새우인 프론과 슈림프 등 갑각류를 양식하기 위해 태국, 베트남, 중국의 맹그로브 숲이 심하게 파괴되고 있다. 장하준 런던대학교 경제학과 교수는 "2012년 로이터 보도에 따르면 1980년 이후 전 세계 맹그로브 숲 중 5분의 1이 파괴되었고, 그 주원인이 새우 등을 기르는 양식장을 만들기 위해서였다고 한다"고 전하고 있다.[15] 이 문제가 심각한 이유는 맹그로브 숲이 홍수와 폭우의 피해를 줄이고 생물들에게 풍부한 식량원이 되어주고 있기 때문이다.

한편, 영국의 대표적인 씽크탱크인 왕립국제문제연구소 채텀하우스CHATHAM HOUSE는 최근 '생물다양성에 대한 위협'이라는 제목의 보고서에서 산업화한 영농 및 축산이 가져오는 서식지 파괴를 고발하고 있다.[16] 이 보고서에 따르면 축산이 산업화함에 따라 야생동물의 다양성이 사라지고 소나 돼지, 닭 같은 소수의 동물이 지배종이 되고 있다. 소와 돼지는 전체 포유류 종의 60%를 차지하고 있다. 닭도 조류의 57%를 점유하고 있으며, 이에 비해 야생 조류 비중은 29%에 그치고 있다. 이 같은 현상은 야생의 영역을 축소하는 등 생물다양성을 파괴하는 결과를 가져오고 있다. 이뿐만이 아니다. 대량 축산으로 사람들이 가축을 통해 새롭고 위험한 병원균에 노출될 가능성이 커지고 있다. 특히 가축의 성장 속도를 높이기 위해 사용된 항생물질이 병균의 저항력

15 장하준(2023.3.), 김희정 옮김, 『장하준의 경제학 레시피』, 부·키
16 CHATHAM HOUSE(2023.4.3.), 'Threats to Biodiversity'

을 키움으로써 항생물질이 가축에게든 사람에게든 더이상 먹히지 않는 사태도 우려되고 있다.

한국의 생물다양성

'2021 국가생물다양성 통계자료집'에 수록된 국내외 생물다양성 현황을 보면 2021년 12월 기준으로 우리나라에는 모두 5만 6,248종의 생물이 서식하고 있다. 이중 동물계가 57.38%로 제일 많고, 다음으로 식물계, 균계, 세균계, 유색조식물계, 원생동물계, 고세균계 등 순이다.

그림1 우리나라의 생물 현황

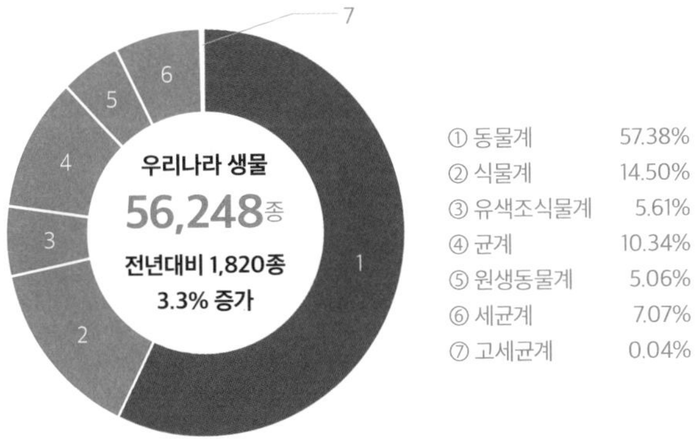

자료: 2021 국가생물다양성 통계자료집(국립생물자원관)

동물계는 3만 2,273종이 있는데 이 중 곤충류(1만 9,809종)가 제일 많고, 다음으로 무척추동물류(1만 272종)가 많다. 척추동물은 어류, 조류, 포유류, 파충류, 양서류 순으로 종이 많다. 8,156종이 있는 식물에서는 관속식물류가 제일 많다. 전체 생물 중 우리나라에서만 자생하는 고유종은 3.92%인 2,206종이다.

세계생물 종 수는 모두 211만 2,588종에 이르고 있다. 이 중 동물계가 72.22%를 차지해 가장 비중이 높다. 동물계 비율은 우리나라의 57.38%보다 매우 높은 수준이다. 다음으로 식물계가 18.08%, 균계 6.63%, 원생동물계 1.37% 순이다.

그림2 세계 생물 현황

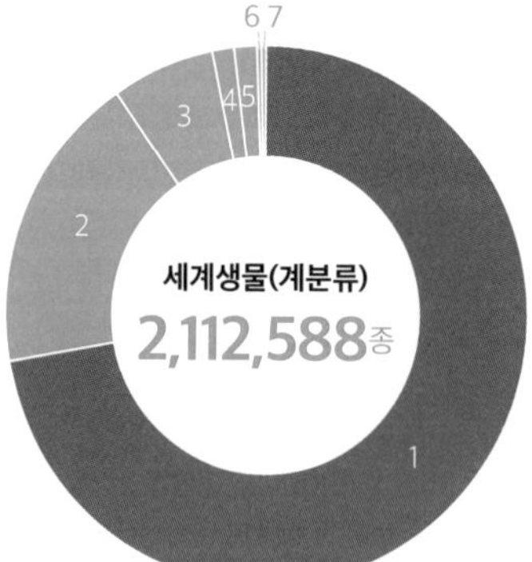

① 동물계	1,525,728종:	72.22%
② 식물계	382,000종:	18.08%
③ 균계	140,000종:	6.63%
④ 원생동물계	29,000종:	1.37%
⑤ 유색조식물계	25,000종:	1.18%
⑥ 세균계	10,358종:	0.49%
⑦ 고세균계	502종:	0.02%

2021년 기준으로 본 국내 생물 종은 전년비 3.3%가 늘어난

수준이지만 앞으로는 국내에서도 생물다양성 감소가 지속될 것으로 전망되고 있다. 정부는 '제4차 국가생물다양성전략(2019~2023년)'에서 도시 지역의 확대로 인한 서식지 감소와 파편화로 생물다양성이 지속적으로 줄어들 것으로 내다봤다.[17] 구체적으로 보면, 산림 등 자연녹지와 갯벌, 연안 습지 등 연안 지역에서 토지 전용과 개발이 계속되고 있어 생태계 훼손이 심화될 것으로 우려되고 있다. 환경부의 2014년 통계를 보면 지난 20년 동안 갯벌이 20.4%가 줄어든 것을 비롯해 농지가 15.9%, 산림이 2.1% 각각 감소한 것으로 나타났다.

특히 생물다양성 보전을 위해 필요한 보호지역이 생물다양성협약 등 국제적으로 요구하는 수준에 미치지 못하고 있는 상황이다. 생물다양성협약은 2020년까지 육상의 17%를 보호지역으로 지정할 것을 권고했는데 2017년 기준 그 비율은 11.57%에 그쳤다.

통계청이 펴낸 '한국의 SDG 이행보고서 2023'은 우리나라에서도 생물다양성이 악화되는 추세를 잘 보여주고 있다.[18] 먼저 야생생물의 현황과 위협을 종합 평가하고 모니터링하는 적

17 관계부처 합동(2018.11.), '제4차 국가생물다양성전략(2019~2023년)'
18 통계청(2023), '한국의 SDG 이행보고서 2023'

색목록지수(Red List Index). 이 지수는 0(모든 종이 절멸)과 1(모든 종이 관심대상) 사이의 수치로 나타나는데 0에 가까울수록 멸종위기종이 많고 고유종의 멸종 위험이 크며 생물다양성이 낮다는 것을 의미한다. 한국의 적색목록지수는 2000년의 0.76에서 2022년 0.69로 0.07 감소했는데 이는 같은 기간 OECD 국가들의 평균 감소폭 0.02의 3.5배에 달한다. OECD의 유럽 회원국들 대부분의 지수가 0.9 이상인 것을 고려하며 한국의 생물다양성이 취약함을 보여주고 있다.

이와 함께 한국의 생물다양성 보호지역 비율과 증가율도 국제적으로 매우 낮은 수준에 머물고 있다. 2021년 기준 육지 및 담수 생물다양성 보호지역 비율은 생태계 총면적 대비 각각 37.58%와 36.83%에 그치고 있다. 이는 OECD 국가들의 보호지역 비율인 64.0%와 65.52%에 크게 못 미치는 수준이다. 2021년 보호지역 비율 증가 폭도 육지가 13.72%포인트, 담수가 7.13%포인트에 그쳤는데 이는 OECD 국가들의 증가폭인 25.47%포인트와 23.75%포인트를 크게 밑도는 것이다. 또 산림면적 비율도 하락세를 지속하고 있다. 2020년 기준 국내 산림면적 비율은 2000년에 비해 2.72%포인트 낮아졌다. OECD 38개국 가운데 이 기간 동안에 산림면적 비율이 감소한 국가는 우리나라를 포함해 콜롬비아, 멕시코, 이스라엘 등

6개국에 그치고 있다. 산림면적이 이같이 계속 줄어들고 있는 것은 주택용지, 공장용지, 도로 등으로 전용되고 있는 데 따른 것이다.

생물다양성에 '빨간 불'이 켜진 이유

생물다양성에 비상등이 켜진 이유는 무엇보다 자연의 회복력을 고려하지 않는 무분별한 경제 행위 때문이다. 하나밖에 없는 지구에 살고 있으면서도 1.75개의 지구가 있는 것처럼 사용했으니 오히려 자연이 앓는 소리를 내지 않는 게 이상할 정도이다. 실제로 다양한 기업 활동이 생물다양성 손실을 가져온 것으로 지적되고 있다. 세계 최초의 생물다양성 임팩트펀드를 만든 네덜란드 은행 ASN에 따르면 자연에 해롭지 않은 활동을 하는 기업은 전체 상장 기업의 0.01%에 불과한 것으로 나타났다. 사실상 모든 기업의 활동이 자연에 부정적 영향을 미치고 있는 것이다. 생물다양성에 부정적인 영향을 미치는 상위권 산업으로는 임업, 면화와 팜오일 등 단일작물 재배, 축산업, 어업, 광업, 석유 가스, 화학

등을 들 수 있다.[19]

세계경제포럼WEF은 생물다양성 손실을 가져온 요인으로 다섯 가지를 들고 있다.[20] 토지와 해양 이용의 변화가 첫 번째 원인이다. 이로 인해 세계에서 가장 생물다양성이 풍부한 열대 원시림 지역에서 매년 300만 헥타르가 파괴되고 있다. 바다도 위기 상황이다. 최근 50년 동안 산소 농도가 너무 낮아 해상 동물이 살기 어려운 '데드존dead zone'이 종전보다 네 배나 늘어났다. 세계적으로 400개 이상의 데드존이 존재하는 데 그 면적을 다 합하면 영국의 국토보다 넓은 수준이다.

두 번째 요인은 기후변화이다. 생물다양성과 기후변화는 서로 밀접하게 영향을 주고받고 있다. 산업화 이전 대비 지구의 기온 상승 폭을 1.5~2℃ 이내로 낮추지 못하면 이로 인한 자연 재난과 기온 상승, 그리고 강수량 변화가 생물다양성 손실을 가져오는 주요 요인이 될 것으로 지적되고 있다. 실제로 혹서와 가뭄으로 대규모 동물이 떼죽음을 당하고 있다. 지난 2014년에는 호주에서 단 하루의 열파熱波로 4만 5,000마리의 왕박쥐가 폐사하

19 mondaq(2022.12.22.), 'UK:Biodiversity & natural capital - the upcoming big theme in the investment world'
20 WEF(2020.1.), 'Nature Risk Rising'

기도 했다. 지구온난화는 종의 분포와 이동, 산란, 그리고 식량 생산에도 심각한 영향을 미치고 있다. 특히 숲에서 화재의 빈도와 강도가 높아지면서 그 파괴적인 정도가 지난 1,000년보다 더 심각한 상태인 것으로 지적되고 있다. 이뿐만이 아니다. 바다 온도의 상승과 해양 산성화로 바다도 그동안 겪어보지 못한 변화에 노출돼 있다. 산호초의 경우 지구 기온이 산업화 이전보다 1.5℃가 오르면 70~90%가 사라질 것이라는 충격적인 경고가 나오고 있다. 거꾸로 생물다양성 손실이 기후변화를 악화시키는 요인이 되고 있다. 예를 들어 기후변화에 따른 영구동토층의 해동과 삼림 파괴로 카본 싱크(토양 탄소 흡수대)에 지속적 훼손이 가해지면서 탄소를 저장해온 이들 생태계가 오히려 탄소를 배출하게 될 것으로 우려된다. 이렇게 배출된 탄소는 다시 기온을 상승시키는 악순환을 가져오게 되는 것이다.

생물다양성을 훼손하고 있는 세 번째 요인은 자연 자원의 과도한 사용이다. 1970년 이래 화석연료와 생물군계biome를 포함한 자연 자원의 채취는 3.4배나 늘어났다. 예컨대 멸종 위기에 놓인 8,500여 종을 대상으로 분석한 결과 과도한 개발로 영향을 받는 비율은 72%에 달했다. 또 62%는 농업과 목재 플랜테이션, 그리고 수경재배의 영향권에 놓여 있었다. 물고기도 지속가능한 수준을 훨씬 넘어서서 남획되고 있다. 그 결과 영양 단계가 높은 대형 물고기는 크게 줄어들고 영양 단계가 낮은 소형 물고기와 무척추 동물이 주종이 된 상태로 변화한 것으로 분석되고 있다.

다음 요인으로는 오염이 언급되고 있다. 대표적인 사례는 탄소를 포함하지 않은 질소 화합물인 무기태 질소mineral nitrogen 비료의 대규모 사용이다. 전 세계적으로 매년 1억 1,500만 톤의 질소 비료가 농경지에 뿌려지고 있다. 이 중 5분의 1은 토양과 바이오매스(일정한 지역 안에 생존하는 생물의 총 중량)에 축적되고 있고 나머지는 바다로 흘러 들어가고 있다. 이렇게 바다로 유입된 질소는 식물 플랑크톤을 증가시킨다. 문제는 이들 플랑크톤이 죽은 뒤 미생물로 분해되는데 이 과정에서 물속에 녹아있는 산소가 사용된다는 것이다. 이에 따라 식물 플랑크톤이 늘어날수록 물속의 산소가 많이 사용돼 산소가 부족해지고, 결국 이로 인해 바다 생물이 죽게 된다. 이게 데드존이 만들어지는 과정이다. 플라스틱 오염에 대한 우려도 커지고 있다. 매년 8백만 톤의 플라스틱이 바다로 흘러 들어가 500종가량의 해양 포유동물, 어류, 그리고 바닷새에 부정적 영향을 미치고 있다.

마지막으로 외래종도 생물다양성을 심각하게 훼손하고 있다. 국제교류가 증가하면서 한 대륙에서 다른 대륙으로 생물 종이 옮겨가기가 쉬워짐에 따라 외래종 유입이 무려 70%나 늘어났다.

그 결과 지역 생태계와 식물 다양성이 큰 피해를 당하고 있다. 외래종이 이미 해당 지역에 서식해온 다른 종들을 제거해버리는 사례가 늘어나고 있다. 아메리카밍크는 유럽밍크를 거의 없애버리다시피 했고, 아시아 지역에서 이동한 무당벌레는 유럽무당벌레의 유충까지 먹어버리며 악영향을 미쳤다. 외래종은 기존 환경의 생물다양성을 위협하고 있어 침입종으로 불리기도 한다.

지금까지 언급한 5가지 요인들은 지난 50년 동안 있었던 생물다양성 손실의 90% 이상을 유발한 것으로 분석되고 있다. 특히 식품과 사회간접자본, 에너지, 그리고 패션 등 4개 업종의 공급망에서의 기업 활동은 생물다양성에 가해지는 인위적 압박의 90%를 차지하고 있는 것으로 서스테이널리틱스는 분석하고 있다.[21] 이 같은 활동에 제동이 걸리지 않을 경우 생물다양성 손실이 가속화할 것으로 우려된다. 예컨대. 식량 생산을 위한 삼림 파괴는 생물의 서식지를 파괴하고, 비료와 살충제 사용은 새와 곤충 그리고 양서류를 줄어들게 하고 있다. 또 패스트 패션과 육식 등 지속가능하지 않은 소비 패턴은 식물다양성에 큰 부담을 주고 있다. 이밖에 국제 무역도 생물다양성에 나쁜 영향을 주고 있다. 선진국의 생산 기지가 개도국으로 옮겨가면서 환경에 대한

21 SUSTAINALYTICS, 'Nature's Assets, Why Biodiversity is Good for Business'

악영향도 그대로 이동하고 있다. 예를 들어 선진국 등 다른 지역에서의 소비가 중남미 생물다양성의 33%와 아프리카의 26%에 영향을 미치고 있는 것으로 분석되고 있다.

〈표1〉은 산업별로 생물다양성 손실을 가져오는 5가지 요인의 구체적 예를 보여주고 있다. 농업과 어업 같은 1차산업은 삼림 파괴, 과도한 남획, 단일작물 재배 등이 문제가 되고 있다. 제조업과 식품 가공 등 2차산업은 건축을 위한 습지 배수, 외래종 확산을 가져오는 생산요소가, 운송, 여행 등 3차산업은 역시 습지 배

표1 산업별 생물다양성 손실 유발 요인

분류	토지이용 변화	자연 자원의 과도한 이용	기후변화	오염	외래종
1차 산업	•삼림 파괴 •농업과 광물 채취에 따른 서식지 파괴	•삼림 파괴 •과도한 남획 •단일작물 재배 •집중적 토지 사용에 따른 토지 영양소 고갈	•카본 싱크 제거 •광물 채취와 농업으로 인한 온실 가스 배출	•생산활동과 제품 이용 및 폐기에 따른 물, 토양, 공기 오염	•외래종 침입
2차 산업	•생산시설용 토지이용 변화	•빌딩 건축을 위한 습지 배수	•카본 싱크 제거 •온실가스 배출	•물, 토양, 공기 오염	•생산 요소 등에 따른 외래종 확산
3차 산업	•빌딩과 도로용 토지이용 변화	•빌딩 건축을 위한 습지 배수	•빌딩과 수송 으로 인한 온실가스 배출	•비즈니스 여행에 따른 공기 오염	•수송 루트를 통한 외래종 확산

주) 카본 싱크: 토양 탄소 흡수대

자료) SUSTAINALYTICS, 'Nature's Assets, Why Biodiversity is Good for Business'

수와 여객기에 의한 공기 오염 등이 생물다양성에 악영향을 미치고 있다.

결국 지금까지 얘기해온 모든 문제는 '성장의 속도' 문제로 귀결된다. 그동안 인류는 전례 없는 기술적 혁신에 힘입어 경제 성장을 지속해왔고, 이는 생활 수준을 높이고 수십억 명을 빈곤에서 구제했다. 그러나 이 과정에서 에너지, 식품, 섬유, 물, 토지 등에 대한 수요가 크게 증가하면서 지구 시스템이 막대한 비용을 치르게 됐다. 이는 바로 생물다양성 손실을 의미한다. WEF가 '2023년 글로벌 리스크 보고서'에서 생물다양성 손실과 생태계 붕괴를 향후 10년 동안 세계가 직면할 심각한 리스크 중 4위로 본 이유이다.[22]

이 같은 문제의식은 브라질의 리우데자네이루에서 세계환경개발정상회의가 열리던 해인 1992년에 발간된 『성장의 한계』에 그대로 반영되고 있다. 미국 MIT 슬로안 경영대학 산하 시스템 역학그룹이 주도한 이 책은 인류가 이미 지구의 수용 능력 한계를 넘어섰다고 진단하고 있다. 다시 말해, 인간의 자원 사용량이 지구의 수용 능력은 크게 뛰어넘었다는 것이다. 이 책이 내린 결

22 WEF(2023), 'The Global Risks Report 2023', 18th edition

론은 인류의 생태발자국을 지구의 한계 이내로 축소해야 한다는 점이다. 여기에서 얘기하는 생태발자국은 '인간에게 자원(곡물, 사료, 목재, 물고기, 도시로 수용된 토지)을 제공하고 지구촌이 배출하는 배기가스(이산화탄소)를 흡수하기 위해 필요한 토지 면적'을 뜻한다.[23] 독일 포스탐 대학의 요한 록스트룀 교수와 과학자인 오웬 가프니도 같은 맥락의 얘기를 강조하고 있다. 이들은 "생태계를 파괴하면서 무한히 성장하는 것은 불가능하다"며 지구 생태계를 파괴하지 않더라도 지속가능한 경제 성장은 가능하다고 역설하고 있다.[24] 생물다양성 손실이 우리가 맞닥뜨린 커다란 위기이며 더 이상 이 문제를 방치한 채 성장을 지속하는 것은 한계에 다다랐다는 공감대가 확산되고 있음을 보여주고 있다.

---

23 도넬라 H. 메도즈·데니스 L. 메도즈·요르겐 랜더스(2004), 김병순 옮김, 『성장의 한계』, 갈라파고스
24 요한 록스트룀·오웬 가프니(2021), 전병옥 옮김, 『브레이킹 바운더리스』, 사이언스북스

2

기업, '자연 리스크' 비상

생물다양성 손실은 이를 방치하면
경제에 큰 충격을 줄 것으로 우려된다.
세계은행은 자연이 제공하는 생태적 서비스가 붕괴하면
오는 2030년까지 매년 글로벌 GDP가 2.7조 달러씩
줄어들 것이라고 경고하고 있다. 이는 곧 기업의 리스크가
그만큼 커진다는 것을 의미한다.

왜 문제인가?

생물다양성 손실은 그 자체로도 심각한 문제이다. 생산과 소비의 속도가 지구가 감당 가능한 수준을 훨씬 넘어섬에 따라 자연이 무너지고 있기 때문이다. 이는 현재의 경제 성장이 지속가능하지 못함을 의미한다. 중요한 사실은 사회와 경제 활동이 본질적으로 자연에 크게 의존하고 있다는 점이다. WEF의 연구 결과를 보면 전 세계 국내총생산GDP의 절반이 넘는 44조 달러의 경제적 가치 창출이 자연과 생태계 서비스에 기대고 있다. 의존도가 높은 3대 산업은 건설(4조 달러), 농업(2.5조 달러), 식음료(1.4조 달러)이다. 이들 3개 산업의 규모는 독일 경제의 2배 가까운 수준이다. 게다가 화학 및 소재, 항공 및 여행, 부동산, 광업 및 금속, 수송, 소매 등 6개 산업은 자연에 대한 부가가치 의존도가 15%에 미치지 못하지만 이들 산업의 공급체인은 총부가가치의 절반 이상이 자연과 밀접한 관련을 맺고 창출되고 있다. 〈그림1〉은 산업별로 총부가가치의 자연 의존도를 보여주고 있다. 직접적인 의존도와 공급체인의 간접적 의존도가 높은 산업은 임업, 농업, 어업, 식품음료, 건설, 전기, 수도 등이다. 반면 헬스케어, 전자, IT, 보험, 자산운용, 은행, 자본시장, 디지털 통신 등은 의존도가 낮은 편에 속한다. 어찌됐건 전반적으로 경제와 산업의 자연 의존도가 높은 만큼 생물다양성이 흔들리고 있는 현상은 그대로 경제 및 기업 리스크로 이어지고 있다고 할 수 있다.

그림3 산업별 총부가가치의 자연 의존도(%)

자료) WEF New Nature economy Report(2020)

그런데 자연이 경제와 산업에 큰 기여를 하고 있는 것은 이른바 '생태계 서비스Ecosystem services'를 제공하고 있는 데 따른 것이다. OECD는 생태계를 '기능적인 단일체로 상호 작용하는 식물과 동물, 미생물, 그리고 환경의 동적인 복합체'로, 또 생태계 서비스를 '인류가 생태계로부터 얻는 혜택'으로 정의하고 있다. 이런 개념의 생태계 서비스는 생물다양성으로부터 제공되고 있는데 매년 그 가치는 125조~140조 달러에 달하는 것으로 OECD는 추산하고 있다. 2022년 기준으로 세계 경상GDP 규모가 101.6조 달러이니 생태계 서비스 가치는 세계 GDP의 1.23~1.38배 수준인 셈이다.

우리는 자연 하면 편안하게 휴식을 취할 수 있는 공간을 먼저 떠올리게 된다. 하지만 시선을 더 크게 넓혀보면 자연의 역할은 여기에 그치지 않는다. 이산화탄소를 흡수해 기온 상승을 억제하는가 하면, 수질을 조절하고 물이 잘 순환하게 한다. 또 식량을 공급하고 건축자재, 의약 재료 등 다양한 산업원료를 제공하고 있다. 자연이 주는 생태계 서비스의 대표적 사례들이다. 생태계 서비스는 크게 네 가지로 구분된다. 먼저 공급 서비스로 식량을 비롯해 물, 연료, 유전자 자원, 약품 등을 제공한다. 둘째는 기후를 조절하고 물을 정화하며 자연재해를 방지하는 등의 조정 서비스이다. 셋째는 정신적·심미적 가치와 레크리에이션, 관광 등 혜택을 주는 문화적 서비스이다. 마지막으로 기반 서비스로 앞의 세 가지 서비스를 유지하기 위해 필요한 것인데 토양의 형성이나 물의 순환 등이 있다.[25] 여기에서 잘 드러나듯이 생태계 서비스는 광범위한 영역에 걸쳐 이뤄지고 있다. 이 중 유전자의 다양성에 비롯되는 자연의 약품 제공 서비스에 대해 알아보자. 예컨대, 약초로 알려진 조팝나무의 일종에서 추출된 물질은 진통제인 아스피린 원료로 쓰이고 있다. 말라리아 치료제로 쓰이는 키니네는 원산지가 남아메리카인 키나 나무를 원료로 해 제조되고 있다. 또 흡혈 거머리는 사냥감의 상처가 아물지 않도록 타액에 혈액의 응고를 막는 물질인 하루딘을 포함하고 있는데 이 물질이 혈전증 약으로 활용되고 있다. 항생물질인 페니실린의 경우는 다른 미생물을 활동을 막기 위해 푸른곰팡이가 분비하는 성분으로부터

표2 생태계 서비스의 분류

분류	세부 내용
공급 서비스	식량(농작물, 가축, 어획, 수산 양식, 야생동물, 식물 생산품), 섬유(면, 마, 견), 목재, 유전자 자원, 생화학 물질, 자연 약품, 민물, 연료 등
조정 서비스	대기·기후·물 조절, 토양 침식 억제, 물의 정화, 폐기물 처리, 질병 예방, 병충해 억제, 화분 매개, 자연재해의 방지
문화적 서비스	정신적·교육적·심미적·종교적 가치, 레크리에이션, 관광
기반 서비스	토양 형성, 물의 순환, 1차 생산, 영양염의 순환

자료) 오바라 히데오(2017), '지구의 미래를 생각하기 위한 중요 키워드 생물다양성' 종합 정리

25 오바라 히데오(2017), 강금희 역, '지구의 미래를 생각하기 위한 중요 키워드 생물다양성', 아이뉴턴

개발됐다. 자연계는 한 마디로 '약품의 보고寶庫'인 셈이다.

생태계 서비스는 17가지로 분류되기도 한다. 메릴랜드 대학의 로버트 코스탄자 교수 등 13명의 연구진은 재생 가능한 생태계 서비스만을 포함시켰다는 전제 아래 생태계 서비스를 17개 영역으로 분류했는데 그 자세한 내용은 〈표3〉과 같다.[26]

표3 생태계 서비스와 그 기능

생태계 서비스	기능	예
기체 조절	공기의 화학적 구성 조절	이산화탄소와 산소의 균형
기후 조절	글로벌 기후와 강수량 등 조절	온실가스 조절
재난 조절	환경의 변동에 대한 생태계의 대응	폭풍 방어, 홍수 통제, 가뭄 회복
물 조절	수자원 흐름 조절	농업, 산업, 수송용 물 공급
물 공급	물의 저장	저수지 등에 의한 물 공급
침식 통제/ 퇴적물 유지	토양 유지	토양손실 방지
토양 형성	토양 형성 과정	바위 풍화와 유기 물질 축적
영양소 순환	영양소의 저장, 내부 순환, 가공 및 획득	질소 고정과 다른 영양소 순환
폐기물 처리		폐기물 처리, 오염 억제, 해독
수분(受粉)	꽃 생식세포의 이동	식물 재생산을 위한 화분 매개 공급
생물학적 통제	동물 개체 수 조절	포식동물에 의한 희생 동물 수 조절
일시 서식지 제공		이동하는 종이나 월동을 위한 장소 제공

26 Robert Costanza 등(1997.5.15.), 'The value of the world's ecosystem services and natural capital', VOL 387, NATURE

식량 생산	1차 식품생산	식량, 어류, 과일 생산
원재료		목재, 연료, 사료 생산
유전자 물질	생물학적 물질 및 제품의 원료	의약품, 재료공학 제품, 병충해 저항 유전자
레크리에이션	레크리에이션 활동 기회 제공	친환경 관광, 스포츠 낚시
문화 활동	비상업적 활용 기회 제공	생태계 시스팀의 미학적, 예술적, 교육적, 정신적, 그리고 과학적 가치

이렇듯 자연은 생물다양성을 기반으로 다양한 생태계 서비스를 제공하고 있다. 코스탄자 교수 등 연구진은 해당 논문을 발표한 1997년 기준으로 생태계 서비스의 가치를 연간 16조~54조 달러로 추정했다. 평균 추정치는 33조 달러였다. 당시 글로벌 GDP 규모가 18조 달러였다는 점을 감안하면 생태계 서비스의 가치를 GDP의 1.83배로 본 것이다. OECD가 2022년을 기준으로 생태계 서비스의 가치를 GDP의 1.23~1.38배로 본 것에 비해서는 1997년에 추정한 생태계 서비스의 가치가 훨씬 크게 산출된 셈이다. 이런 수치들은 경제와 산업 전반의 자연 의존도가 얼마나 큰지를 잘 보여주고 있다. 이런 상황에서 생물다양성이 크게 훼손되면서 생태계 서비스에도 '빨간 불'이 켜져 경제와 기업의 리스크가 커지고 있다.

커지는 기업 리스크

생물다양성 손실은 이를 방치하면 경제에 큰 충격을 줄 것으로 우려된다. 세계은행은 자연이 제공하는 생태계 서비스가 붕괴하면 오는 2030년까지 매년 글로벌 GDP가 2.7조 달러씩 줄어들 것이라고 경고하고 있다. 이는 곧 기업의 리스크가 그만큼 커진다는 것을 의미한다.

생물다양성 손실이 가져올 수 있는 기업 리스크를 분류하는 방식에는 두 가지가 있다. 먼저, 물리적 리스크, 전환 리스크, 시스템 리스크로 나눠보는 방식이다.[27] 물리적 리스크는 자연에 많

---

27 KPMG(2022.4.), 'Introducing the TNFD Beta Framework'

이 의존하고 있는 기업들이 공급, 조정, 기반 등 생태계 서비스가 훼손됨에 따라 직면하는 리스크를 얘기한다. 말 그대로 생태계 서비스 자체에 문제가 생겨 기업이 받게 될 물리적 충격을 뜻한다. 전환 리스크는 기업의 경영 전략이 생물다양성 손실을 막고 회복시키기 위한 사회의 흐름과 어긋남으로써 발생하는 위험이다. 새로운 정부 규제와 시장의 변화, 기술 발달, 소비자 선호 변화에 따른 소송 제기 등이 여기에 해당한다. 마지막으로 시스템 리스크는 물리적 리스크나 전환 리스크 같은 개별적 이슈가 아니라 시스템 전반이 붕괴됨으로써 일어날 수 있는 위험이다. 생물다양성 손실이 티핑 포인트를 넘어서 걷잡을 수 없이 무너지는 상황이 가시화될 수 있는데 이게 시스템 리스크이다. 이 세 가지 리스크 중 물리적 리스크는 현재 진행형이라고 할 수 있으며 시스템 리스크는 생물다양성 손실이 방치될 경우 벌어질 수 있는 최악의 상황이라고 할 수 있다.

생물다양성 손실에 따른 기업 리스크를 분류하는 두 번째 방식은 기업 리스크를 물리적 리스크, 규제 및 법률 리스크, 시장 리스크, 평판 리스크로 구분하고 있다. 먼저, 물리적 리스크는 생물 서식지 파괴 또는 감소와 외래종 침입 등이 기업 활동과 자산, 그리고 공급체인에 주는 위험이다. 물리적 리스크는 상품 리스크, 공급체인 성과 리스크, 손실과 기업 지속성 리스크, 기업가치 리스크 등 네 가지로 구분되고 있다.

먼저 상품 리스크는 생산 과정에서 발생하고 있다. 예컨대 매년 2,350억~5,770억 달러의 글로벌 식량 생산이 곤충과 다른 생물의 화분 매개에 의존하고 있는데 이들 생물이 줄어듦으로써 화분매개도 급감해 생산에 차질이 빚어지고 있다. 다음은 공급체인 성과 리스크. 대표적인 사례는 삼림 파괴와 화분매개 감소로 시어 버터 나무가 멸종 위험에 직면함으로써 화장품 제조 원료인 시어 버터의 공급에 문제가 생긴 경우이다. 이뿐만이 아니다. 역시 화장품 원료인 아르간 오일의 경우 아르간 나무가 재배되는 모로코의 토양 훼손으로 위기에 직면해있다.

세 번째 물리적 리스크는 손실 및 기업 지속성 리스크이다. 자연이 기업의 영속성을 위해 제공하는 안정적 환경에 문제가 생긴 경우이다. 예를 들어 맹그로브 숲은 기업과 지역 공동체를 해안 홍수와 폭풍으로부터 보호해주는 역할을 하고 있다. 하지만 맹그로브 숲의 35% 정도가 손실되면서 이런 필수적인 보호 기능이 위험에 처하게 됐다. 만약 맹그로브 숲 전체가 없어진다면 1,800만 명이 매년 수해를 겪게 되고 재산손실도 16%나 늘어날 것으로 우려되고 있다.

마지막으로 네 번째 물리적 리스크는 기업가치 리스크이다. 기업 가치 유지를 위한 자연 환경에 문제가 생긴 사례이다. 자연 손실로 부동산 가치가 떨어진 게 여기에 해당된다. 예를 들어 빠르게 확산해 대응이 어려운 침입종인 일본의 마디풀은 영국의 토지에 커다란 영향을 미쳤다. 이 때문에 마디풀이 확산된 토지 가격이 급락해 매년 1억 6,500만 파운드의 비용이 발생한 것으로 추산되고 있다. 또 미국 캘리포니아 지역에서는 지난 2010년부터 2020년 사이에 참나무 급사병으로 나무 처리와 제거, 그리고 대체 작업에 750만 달러의 비용이 들어갔으며 1인 가족 부동산 가치가 1억 3,500만 달러나 떨어졌다.

물리적 리스크에 이어 규제 및 법률 리스크에 대해 알아보자. 자연 리스크에 대응하기 위해 정부의 정책과 규제 개입이 증가함으로써 기업의 자산 가치가 하락하는 경우가 여기에 해당된다. 법률 개정으로 특정 자산의 가치가 급락해 '좌초자산'으로 변하는 게 대표적 사례이다. 또 자연에 부정적 영향을 미치는 기업에 새로운 세금이 부과되거나 보조금이 폐지돼 비용이 증가하는 경우도 마찬가지이다. 이와 관련한 구체적 예를 들어보자. 지난 2018년 인도네시아 정부는 열대우림과 이탄泥炭 지대에서의 팜오일 플랜테이션과 벌채 같은 토지이용 활동에 대해 3년간의 임시 중지 조치를 취한 데 이어 이듬해인 2019년에는 이를 영구조치화

했다. 이 조치로 인도네시아의 경제성장률이 하락하고 국민총지출GNE과 복지 같은 거시경제 지표에 부정적 여파가 생긴 것으로 분석되고 있다. 특히 인도네시아 내 최대 팜오일 생산지역인 수마트라는 오는 2030년까지 역내 생산이 2%나 감소하는 영향을 받을 것으로 전망되고 있다.

다음은 시장 리스크. 기업들은 자연 리스크에 대응하기 위해 나오는 신상품, 신기술, 그리고 새로운 비즈니스 모델의 위협에 직면하곤 한다. 소비자와 시장이 자연 리스크에 반응하면서 공급과 소비 패턴에 변화가 생기는 것도 기업에는 큰 리스크이다. 예컨대 합성 단백질을 포함하고 있는 대체육과 대체어류는 전통적인 육류를 빠르게 대체해가고 있다. 이에 따라 쇠고기 제품에 대한 수요가 오는 2030년에는 70%, 그리고 2035년에는 80~90%나 급감해 육류 생산업자와 공급 체인의 피해 규모는 1,000억 달러를 상회할 것으로 WEF는 추산하고 있다.

끝으로 평판 리스크. 어떤 기업이 생물다양성을 훼손하고 있는 것으로 지적되면 기업은 곧바로 평판이 깎이는 리스크에 직면하게 된다. 소송 제기, 브랜드 가치 하락, 고객 이탈, 매출 및 이익 감소 등 걷잡을 수 없는 사태를 겪을 수 있다. 네슬레가 대표적 사례이다. 지난 2010년 그린피스는 네슬레의 브랜드인 킷캣KitKat

이 인도네시아의 삼림 파괴 지역으로부터 팜오일 조달하고 있다고 발표했다. 이 발표가 나오자 네슬레는 평판 위기를 겪으며 주가가 4%나 떨어지는 등 어려움을 겪었다.

생물다양성 손실에 따른 이같은 리스크는 어떤 경로를 통해 기업에 중대한 위협 요인으로 작용할까? 크게 기업의 자연 의존, 기업의 자연에 대한 부정적 영향, 자연 손실의 사회에 대한 영향, 이 세 가지의 경로가 있는 것으로 지적되고 있다.[28] 먼저, 기업이 자연에 의존하는 데서 오는 리스크. 세계 GDP의 절반 이상이 자연에 의존한다는 사실은 그만큼 경제가 자연 손실에 따른 리스크에 노출돼 있다는 것을 의미한다. 특히 자연 의존도가 높은 산업은 GDP의 15%(13조 달러), 또 일반적 수준의 자연 의존도를 가진 산업은 37%(31조 달러)를 창출하고 있다. 이들 산업은 생물다양성 손실로 생태계 서비스에 큰 문제가 생기면서 상당한 어려움을 겪을 가능성이 크다. 커피가 좋은 예이다. 기후변화와 병충해, 삼림 파괴 탓에 커피 품종의 60%가 사라질 위험에 놓여 있다. 이런 우려가 현실화할 경우 글로벌 커피 시장은 심각하게 불안정한 상태에 빠지고 커피 농가는 큰 타격을 받을 것으로 보인다. 또 외래종은 주요 농작물의 생산에 많은 차질을 빚게 하고 있다. 현재 쌀

28 WEF(2020.1.), 'Nature Risk Rising'

과, 밀, 옥수수는 세계 식량 생산의 절반 이상을 차지하고 있는데 외래종 탓에 연간 생산량이 16%나 줄어들었다. 국가별 자연의존도를 봐도 상황은 마찬가지이다. 빠른 경제 성장을 하고 있는 인도와 인도네시아는 각각 GDP의 33%와 32%를 자연에 크게 의존하고 있다.

생물다양성 손실이 산업에 미치는 영향이 큰 구체적인 사례를 살펴보자. 해안을 '견고하게' 유지하는 일은 홍수와 극한적인 기후 재난을 막는데 중요한 역할을 한다. 그런데 지구 온난화로 산호초가 파괴되면서 이런 '보호장치'가 줄어들어 해안 지대에 살고 있는 3억 명의 주민이 재난 위험에 직면해 있다. 문제는 지구의 기온이 산업화 이전보다 2℃ 이상 오를 경우 산호초의 99%가 사라질 것으로 우려된다는 점이다. 이는 관광산업에 큰 타격을 줄 것으로 보인다. 전 세계적으로 산호초는 관광산업에 36조 달러의 경제적 가치를 제공하고 있다. 이 중 19조 달러는 다이빙 등 산호초 현장 관광 등을 통해, 그리고 나머지는 해상 관광과 지역 해산물 등 관련 산업에서 창출되고 있다. 습지 손실도 또 다른 중대 리스크가 되고 있다. 습지는 물의 여과와 홍수 억제 등 중요한 생태계 서비스를 제공하고 있다. 지난 2012년에 허리케인 섄디가 상륙했을 때 습지는 6억 2,500만 달러 이상 홍수 피해 규모를 줄인 것으로 추산되고 있다. 습지는 이와 함께 폭풍과 홍수로 인한 재난 피해 규모를 축소함으로써 보험 업계의 재난 보험금 지급 부담을 52억 달러나 줄여주는 것으로 분석되고 있다. 이런 순기능을 하는 습지의 훼손은 대규모의 주민 피해와 산업 손실로 이어질 수 있는 것이다.

생물다양성 손실이 기업 리스크를 키우는 두 번째 경로는 기업이 자연에 주는 부정적 영향에 대한 외부의 대응에서 생겨난다. 첫 번째 경로가 생물다양성 손실로 자연에 대한 의존도가 큰 기업이 직접적으로 받는 타격이었다면 두 번째 경로는 자연 손실과 관련한 규제, 법, 평판 등 외부에서 오는 압박으로 기업이 어려움에 직면하는 경우이다. 각국은 잇따라 생물다양성을 회복시키기 위해 관련 법과 규제를 도입하고 있고, 이게 기업 경영에 많은 영향을 미치고 있다. 인도네시아는 새로운 농업허가를 제한함으로써 습지 개발 모라토리움(중단)을 선언했다. 프랑스는 기업이 공급체인에 대한 환경 평가를 하도록 의무화하는 법을 제정했다. 또 코스타리카는 탄소 격리(대기 중 배출되는 탄소를 지하 또는 지상의 특정 공간에 저장하는 과정)를 하는 농가와 지주에게 축산 보조금을 지급하는 방향으로 제도를 바꾸기도 했다. 이 같은 제도들은 앞으로 다른 나라들에서도 잇따라 도입될 것으로 보인다. 그만큼 기업은 규제와 법적 리스크에 노출되는 셈이다. 이뿐만이 아니다. 규제가 강화됨에 따라 그동안 경제성이 있다고 평가됐던 자산이 급격한 가치 하락으로 결국 장부에서 떨어내야 하는 골치덩어리(좌초자산)로 변화할 가능성이 커지고 있다. 예컨대 기업 보유 토지가 심각한 생물다양성 손실로 장부에서 상각되는 경우를 생각해볼 수 있다. 열대삼림연맹TFA는 향후 5~10년 동안 삼림 파괴에 관련돼 있는 상품 생산에 지속적인 투자가 이뤄질 경우 수백 억 달러의 자산이 좌초할 수 있다고 경고하고 있다.

평판 악화와 투자자 압박도 자연 손실이 기업 리스크를 가져오는 두 번째 경로에 들어간다. 대표적인 사례는 패션 및 섬유 산업이다. 패션 및 섬유 산업은 생산 과정에서 물 등 자원과 화학물질을 많이 사용하고 있다. 그런 만큼 소비자들은 패션 및 섬유 산업에 의해 야기되는 환경 훼손을 주의 깊게 지켜보면서 해당 기업들에 행동을 요구하고 있다. 소비자들의 압박 속에 2019년에 열린 G7 정상회의에서 이 문제가 거론되자 이들 산업에 속해 있는 50개 이상의 기업과 250여 브랜드는 'G7 패션 협약Fashion Pact'에 서명했다. 이 협약은 생물다양성 회복, 지구온난화 억제, 해양 보호 이 세 가지의 목표를 제시했다. 생물다양성과 관련해서는 삼림파괴를 중단하고 지속가능한 삼림 경영을 하는 목표시한을 2025년으로 제시했다. 기후변화와 관련해서는 2030년까지 100% 재생에너지를 사용하고 2050년까지 탄소중립을 달성하겠다고 선언했다. 또 해양 보호를 위해 재활용 원료로 플라스틱 포장재의 절반 이상을 사용하기로 했는데 B2C 제품에 대해서는 2025년까지, 그리고 B2B 제품에 대해서는 2030년까지 이 목표를 달성하기로 했다. 이 협약에는 아디다스, 아식스, 버버리, 샤넬, 에르메스, 나이키, 노드스트롬, 푸마 등이 참여했다. 패션 및 섬유 산업과 함께 소비자의 선호 변화를 분명하게 보여주는 산업은 육류 산업이다. 육류 산업은 환경에 부정적 영향이 적지 않은 만큼 소비자들이 육류 소비를 줄이는 방향으로 반응하고 있다. 미국의 경우 지난 2005년부터 2014년 사이에 쇠고기 소비가 19%나 감소했다. 유럽은 쇠고기와 돼지고기 소비가 앞으로 감소세를 지속할 것으로 전망하고 있다.

열대우림의 파괴 이슈에 대해서도 얘기해보자. 열대우림은 농업과 축산, 그리고 도로 등 사회간접자본의 확장에 의해 매년 430만 헥타가 파괴되고 있는 것으로 추산되고 있다. 문제는 삼림파괴 활동의 영향이 농업에만 제한돼 있지 않다는 데 있다. 지난 2015년에 삼림파괴가 도화선이 된 인도네시아의 화재 사태는 16억 달러에 달하는 경제활동에 타격을 줘 경제성장률을 떨어뜨리는 악재로 작용했다. 열대우림 파괴는 열대우림에 대한 의존도가 높은 기업에도 비즈니스 리스크가 되고 있다. 팜오일 산업이 좋은 예이다. 지난 2016년 유럽식품안전당국은 팜오일에 포함돼 있는 오염물질에 대해 우려를 공식 표명했다. 그러자 이탈리아에 있는 반反 팜오일 시민단체가 이 문제를 확산시키기 시작했다. 이 사태로 이탈리아의 최대 식료품 잡화점인 쿱 이탈리아와 세계 상위권 파스터 제조기업인 바릴라는 일부 또는 모든 팜오일은 제품군에서 제외하는 결정을 내렸다.

생물다양성 손실 문제로 기업 외부에서 오는 압박은 여기에 그치지 않고 있다. 투자자와 신용평가사는 기업을 평가할 때 자연 관련 공시를 들여다보고 있으며 기관투자자들은 기업이 환경 관련 리스크에 대해 보다 책임있는 태도를 보일 것을 요구하고 있다. 이와 관련해 주목할만한 사례는 57개 기관투자가들이 콩을 거래하는 모든 기업에 삼림 파괴를 중단하겠다는 약속을 할 것을 요구한 일이다. 이들 기관투자가는 해당 기업들이 삼림 파괴에 대한 입장을 공시하고 삼림 파괴 중지 기준을 지키지 않는 협력업체에 대해 어떤 정책을 취할 것인지를 밝히도록 요구했다. 기관투자가의 이 같은 움직임은 자연을 훼손하는 기업들의 자금조달 비용이 상승할 것임을 예고해주고 있다. 생물다양성 손실을 일으키는 기업은 리스크가 큰 것으로 간주되기 때문이다.

생물다양성 손실이 기업 리스크를 키우는 세 번째 경로는 자연 손실이 사회에 미치는 영향에서 생기고 있다. 글로벌 보건과 평화, 교역, 그리고 경제발전에 미치는 영향이 대표적 사례이다.

자연 시스템의 훼손과 손실은 보건에 영향을 미치고 있다. 예컨대 에볼라와 지카 바이러스처럼 동물이 전파하는 전염병이 삼림 파괴와 밀접한 관련이 있는 것처럼 전염병은 생태시스템이 교란되면서 발생해왔다. 또 자연 손실은 공기 오염을 악화시킴으로써 매년 340만~890만 명의 건강을 해치고 있다. 특히 숲에서 일어난 화재는 공기 오염을 위험 수위까지 올리는 빈번한 요인이 되고 있다. 지난 2015년에 인도네시아 숲에서 발생한 화재로 인한 연무煙霧는 직접적으로 1억 5,100만 달러에 달하는 보건 비용을 발생시켰다.

보건과 제약업계도 비상

꿀벌을 비롯해 곤충이 사라지면서 수분이 제대로 이뤄지지 않는 현상은 식량 생산은 물론 사람의 건강에도 커다란 영향을 미치고 있다. 한 연구 결과를 보면, 수분에 문제가 생기면서 과일과, 야채, 그리고 견과류 생산이 3~5% 줄어든 것으로 추산되고 있다.[29] 이같은 영향은 저개발국에서 더 크게 나타나 생산 감소폭이 야채는 26%, 그리고 견과류는 8%에 달한 것으로 나타났다. 더 커다란 문제는 이에 따른 식량 소비 감소(5~12%)로 인해 추가 사망자가 42만 7,000명이나 발생한다는 것이다. 사망자 추가 발생에 가장 큰 영향을 미치는 요인은 과일 생산 감소이며 다음

29 Mathew R. Smith 등(2022.12.), 'Pollinator Deficits, Food Consumption, and Consequencses for Human Health: A Modeling Study', Environmental Health Perspectives

으로 야채, 견과류의 순이다. 생물다양성 손실이 건강에 부정적인 영향을 미치는 사례이다.

생물다양성 손실은 또 제약업계의 약품 생산 또는 개발에 차질을 빚게 해 건강 및 보건에 악영향을 미치고 있다. 제약업계 또한 다른 산업과 마찬가지로 자연에 크게 의존하고 있다. 실제로 제약업계의 성장은 신약과 새로운 치료법의 개발에 달려 있다고 해도 과언이 아니다. 제약업만큼 연구개발 투자를 많이 하는 산업이 없는 이유가 여기에 있다. 대체로 처방 약품의 반 정도는 식물에서 자연적으로 형성되는 분자를 근거로 만들어지고 있으며, 암 치료제의 70%는 자연 약품이거나 자연을 본뜬 합성 약품이다. 세계보건기구는 세계의 핵심 의약품 중 11%가 꽃을 피우는 식물을 재료로 만들어지고 있다고 밝혔다.

의약품 개발이 자연에 의존하고 있는 사례들을 살펴보자. 동물이 가지고 있는 독毒은 암, 심장병, 당뇨 등 다양한 질병 영역에서 제약업계에 상당한 기여를 하고 있다. 예컨대 개구리 같은 양서류는 독성을 가지고 있다. 어떤 동물이 양서류를 잡아먹으려 하면 피부에 있는 화학물질로 인해 그 동물이 경련을 일으키거나 근육이 수축되기도 하고 심지어 죽기도 한다. 하지만 독성이 있는 양서류의 이 화학물질이 사람에게는 희망을 주는 물질이다.

이미 개발된 항생물질에 저항력이 있는 감염을 치료하는 효과를 가지고 있기 때문이다.

미국 남서부 지역과 북서 멕시코 지역에 서식하는 독 있는 큰 도마뱀의 타액도 중요한 의약품의 원료이다. 예를 들어 브예타 Byetta는 당뇨환자의 혈당을 낮추기 위해 만들어진 약인데 이 도마뱀의 타액에서 원료가 확보되고 있다. 식물과 개구리 등에서 발견되는 자연 화합물도 의약품의 재료가 되고 있다. 암 치료제인 파클리탁셀Paclitaxel은 주목나무의 껍질을, 그리고 심각한 통증을 치료하는 지코노타이드ziconotide는 원뿔 달팽이를 원료로 만들어지고 있다. 특히 암 치료제의 70% 정도는 자연에 의존하고 있는 것으로 추산되고 있다.

문제는 생물다양성 손실로 제약업계도 적지 않은 영향을 받고 있다는 데 있다. 현재 종의 손실 속도는 자연 소멸 속도보다 1,000배에서 1만배나 빠른 것으로 추산되고 있다. WWF는 채 50년도 못되는 기간에 야생 동물의 3분의 2 이상이 감소했다고 분석했다. 예컨대 피부의 화학물질이 의약품의 재료로 쓰이는 양서류는 항아리 곰팡이가 일으킨 질병으로 90종 정도가 사라졌으며 기후변화 등으로 개구리도 멸종 위기에 직면해 있다. 런던 소재 로얄 보터닉 가든의 연구 결과를 보면 전 세계 식물 종 중

40%가 멸종 위기에 놓여있는데 이 중 723개 종이 의학적으로 사용되고 있다.[30] 암치료제의 원료로 쓰이는 주목나무 또한 멸종 위기 식물로 분류되고 있다. 이뿐만이 아니다. 남미에서 자라는 키나나무도 멸종 위기 상태인데 이는 말라리아 치료제인 키니네의 원료이다. 또 두통 진통제로 쓰이는 때죽나무는 치매 발생을 늦추는 효과가 있는 것으로 알려져 있다. 최근에는 알츠하이머 치료제로도 쓰이고 있으며 HIV 치료에 효과가 있는지에 대해서도 연구가 진행되고 있다. 하지만 안타깝게도 과잉수확으로 때죽나무도 멸종 위기에 놓여 있다.[31]

이밖에 제약업계는 신약 개발 시 생물다양성이 풍부한 열대우림에 대한 의존도가 높다. 현대 의학에서 사용되는 약 중 25%는 열대우림에서 나온 것이다. 하지만 열대우림은 현재 벌채와 화재로 위기에 직면해 있다. 이에 따라 제약업계는 차세대 의학 혁신을 가져올 수 있는 유전자 물질의 광대한 저장소를 상실할 위기 앞에 놓여 있다. 이 때문에 2년마다 한 개의 중요한 약품 개발 기회를 놓치고 있다는 평가가 나오고 있을 정도이다. 이는 생물다양성 손실이 향후 제약업계에서 새로운 발견을 할 수 있는 기회의 상실로 이어져 보건과 건강에 대한 악영향이 커질 수 있음

30 DW(2023.4.6.), 'How biodiversity loss jeopadizes human health'
31 The Guardian(2021.10.9.), 'How biodiversity loss is jeopardising the drugs of the future'

을 예고해주고 있다.

3

기후변화 다음은 생물다양성

생물다양성 문제를 보는 투자자의 시선은

ESG를 바라보는 시선과 같은 맥락에서 형성되고 있다.

한 조사 결과를 보면 자산운용사와 자산소유자의 84%는

생물다양성 손실에 대해 우려하는 것으로 나타났다.

생물다양성 손실이 다양한 경로를 통해

기업 리스크를 키우는 요인이 되고 있기 때문이다.

이에 따라 투자자들은 점점 생물다양성 문제에 대해

목소리를 키우고 있다.

자연도 자본이다!

생물다양성 손실이 심각한 상황으로 치닫고 이에 따라 기업의 비즈니스 리스크도 커지고 있는 것은 근본적으로 자연을 바라보는 시선이 잘못된 데 따른 것이다. 우리는 그동안 자연을 재물이 계속 나오는 보물단지인 '화수분'처럼 간주했다. 자연을 절제하지 않고 사용해도 문제가 없을 것이라는 잘못된 인식이 경제 성장의 바탕에 깔려 있었다. E. F. 슈마허의 발언은 이를 정확하게 드러내주고 있다. "인간이 아니라 자연에 의해 제공되는 자본은 훨씬 더 크지만, 우리는 그것을 자본으로 인정하려고도 하지 않는다. 오늘날 이렇게 훨씬 큰 부분(자연)이 놀라운 속도로 고갈되고 있는데, 생산 문제가 풀렸다고 믿고 그런 신념에 따라 행동하는 것은 어리석게도 자신을 살해하는 오류이다"[32] 만약 자연을 자본으로 봤다면 효율적인 활용으로 사용을 절제하면서 보존 등에도 신경을 썼을 것이다.

그렇다면 자연은 자본에 속하는가? 건설 현장의 크레인이나 작가의 퍼스널 컴퓨터처럼 근로자가 사용하는 도구가 자본이라는 그레고리 맨큐의 협의의 정의에 따른다면 자연은 자본이 아닐 것이다.[33] 하지만 '가치를 창출하고 소득을 발생시키는 자산'이라는 개념을 적용한다면 자연은 자본에 들어간다. '자연자본'인 것이다. 그동안 논의의 흐름은 후자 쪽으로 진전돼왔다. 18세기와 19세기만 해도 경제학자들은 상품과 서비스를 생산하는 데 투입되는 자원인 생산요소를 자본, 노동, 그리고 토지로 구분했다. 이때 자본은 생산에 기여하는, 사람이 만든 것으로 정의됐다. 아담 스미스는 1776년에 초판이 발행된 국부론에서 자본을 '어떤 사람이 가지고 있는 재고stock 중에서 그에게 수입을 가져다 주리라 기대되는 부분'이라고 정의하기도 했다. 토지는 이런 자본에서 별도의 항목으로 구분됐다. 자연에 의해 주어진 선물인데다 그 공급을 사람이 좌우할 수 없다는 이유에서였다.

---

32 E. F. 슈마허(2001), 이상호 옮김, 『작은 것이 아름답다』, 문예출판사
33 N. GREGORY MANKIW(2000), 'macroeconomics', fourth edition, WORTH

하지만 이후 자본은 앞에서 얘기한 대로 시간이 흐르면서 가치를 창출하고 소득을 발생시키는 자산으로 재정의됐다. 그 결과 토지가 다른 자본과 하나로 묶이게 됐고 생산요소는 자본과 노동, 두 가지로 재분류됐다. 이 같은 변화에 따라 자연자원이 생산요소에 포함돼있다는 의식이 점점 희미해졌다. 하지만 자연 자원의 공급에 한계가 있다는 공감대가 확산되고 빠른 경제성장으로 환경 문제가 발생하면서 자연자본을 별도의 생산요소로 봐야 한다는 주장이 잇따라 제기됐다. 자연자본을 자연 서비스와 자원을 제공하는 것으로 간주해야 한다는 것이었다.[34] 1901년~1909년의 기간 동안 미국의 제26대 대통령으로 활동한 시어도어 루스벨트는 자연자본의 핵심을 잘 파악하고 있었던 것으로 알려져 있다. 그는 1907년 의회 연설에서 "국가 운영에서 발생하는 거의 모든 문제는 자연과 자원을 보호하고 과도하지 않게 적절히 활용할 때 해결된다"고 강조했다. 루스벨트는 같은 해에 "천연자원은 국가가 다음 세대에게 온전히 더 나은 상태로 물려주어야 할 자산이다"이라고 강조하기도 했다. 이와 관련해 앞에서 소개한 슈마허는 저서 『작은 것이 아름답다』에서 대체 불가능한 자연자본이 자본의 많은 부분을 구성하고 있다고 주장했다. 그는 자연자본을 두 가지로 분류했다. 하나는 빠르게 고갈되는 화석연료이

34 Joshua Farley(2012), 'Natural Capital', BERKSHIRE PUBLISHING GROUP

고, 다른 하나는 자연 스스로 재생하는 자본(예 어류)이다. 이처럼 자연자본에 대한 논의가 진전되면서 적지 않은 국가들이 국민소득을 산출하는 국민계정에 통합하기 시작했고, 마침내 UN이 1993년에 이를 골자로 한 '환경 및 경제 계정 시스템'의 도입을 제안한 뒤 2003년에 이를 시행하기에 이르렀다.

여기에서 IIRC국제통합보고위원회, International Integrated Reporting Council가 사용하는 자본 분류를 소개해보자. IIRC는 규제당국, 투자자, 기업, 회계전문가, 학계, 그리고 시민단체의 연합 기관으로 통합공시 프레임워크를 개발하는 등의 역할을 맡고 있다. 이 기관은 자본을 '기업의 활동에 따라 증가, 감소, 변형되는 가치의 저량貯量, stock'으로 정의하고 이를 금융자본, 제조자본, 지적 자본, 인적 자본, 사회관계자본, 자연자본으로 분류하고 있다. 자연자본이 별도로 항목으로 구분돼있다. IIRC가 말하는 자연자본은 '기업의 과거, 현재, 그리고 미래의 번영을 지원하는 상품과 서비스를 제공해주는 모든 재생가능 그리고 비非재생가능 환경 자원'을 뜻한다. 여기에는 공기, 물, 토지, 광물, 숲, 생물다양성과 생태계 시스템이 포함돼있다.

생산되지 않은 자본인 자연자본은 일찍이 슈마허가 얘기했던 대로 크게 재생가능하지 않은 자본과 재생가능한 자본, 두 가지

표4 IIRC의 자본 분류

분류	세부 내용
금융자본	- 상품 생산과 서비스 공급에 활용되는 자금 - 채권과 주식 등 발행으로 조달되거나 기업 경영과 투자로 발생한 자금
제조자본	- 상품 생산과 서비스 공급에 활용되는 제조된 물리적 물체 - 건물, 장비, 사회간접자본(도로, 항구, 교각, 폐기물과 물 처리 공장 등)
지적 자본	- 지식 기반 무형 자산 - 특허, 저작권, 소프트웨어, 라이선스 등 지적재산권 - 지식, 시스템, 절차 등 자본
인적 자본	- 사람의 경쟁력, 역량, 경험, 혁신 동기 - 거버넌스 프레임워크, 리스크 관리 방식, 윤리적 가치에 대한 지지 - 전략을 이해, 개발, 실행하는 능력 - 지휘, 관리, 협력하는 능력을 포함해 업무 과정, 상품과 서비스를 개선하기 위한 충성도와 동기 부여
사회관계자본	- 지역사회간, 이해관계자 집단간 관계와 개인적·집단적 복지를 개선하기 위한 정보 공유 능력 - 공유 가치와 행위 - 핵심 이해관계자 관계 - 브랜드 및 평판과 관련된 무형자산
자연자본	- 기업의 과거, 현재, 그리고 미래의 번영을 지원하는 상품과 서비스를 제공해 주는 모든 재생가능 그리고 비(非)재생가능 환경 자원 - 공기, 물, 토지, 광물, 숲 - 생물다양성과 건강한 생태계 시스템

로 나눠진다. 재생가능하지 않은 자본은 석유, 가스, 광물 같은 것이다. 사용하는 만큼 없어지고 채워지지 않는다. 이해 비해 재생가능한 자연자본은 우리가 사용하거나 소비를 하더라도 자연이 스스로 채우는 자원을 말한다. 어류가 대표적인 예이다. 끊임없이 물고기가 식탁에 오르지만 물고기는 산란을 통해 끊임없이

새로운 물고기를 만들어 낸다. 하지만 여기에서 중요한 것은 자연자원의 사용 또는 소비 속도가 재생 속도 이내에서 이뤄져야 한다는 점이다. 남획 등으로 반대의 상황이 벌어질 경우 생물다양성이 상실되는 문제를 가져온다. 지속가능성을 해치는 것이다.

그렇다면 자연자본은 이 책의 주제인 생물다양성과 같은 의미를 가지고 있을까? 두 어휘는 서로 비슷한 뜻으로 사용되기도 한다. 하지만 엄밀하게 얘기하면 그 의미에 차이가 있다. 생물다양성은 미생물을 포함한 동물과 식물 등 모든 생명체의 다양성, 그리고 생명체가 지구상에 자리 잡고 있는 모든 환경, 즉 생태계의 다양성으로 정의된다. 말 그대로 생물에 적용되는 개념이다. 이에 비해 자연자본은 그 범위가 더 넓다. 생물은 물론 자연자원이 포함돼있다. 또 앞에서 소개한 공급, 조정, 문화적, 그리고 기반 서비스 등 생태계 서비스도 자연자본에 들어간다.[35]

이런 개념을 갖는 자연자본은 우리에게 가치를 제공하고 있다. 실용적인 측면에서 무언가 유용한 가치를 주기도 하고 실용성과 무관하게 그 존재 자체만으로 제공되는 가치도 있다. 이런 측면에서 자연자본은 사용가치와 비非사용가치를 가지고 있는

35 Schroder(2022.10.26.), 'Q&A: What is "natural capital" and why should investors care?'

것으로 지적되고 있다. 사용가치는 말 그대로 우리가 먹거나 소비하거나 즐기는 형태로 주어진다. 비사용가치는 이용 여부와는 관계 없이 천연자원이 존재하는 그 자체로 가치를 갖는 것을 뜻한다.[36]

해안에서 대규모 석유 유출 사고가 난 경우를 생각해보자. 이런 사고가 나면 해수욕이 금지되고 생선도 먹지 못하게 된다. 사용가치를 빼앗기게 되는 것이다. 하지만 다른 피해도 있을 수 있다. 흘러나온 석유때문에 새와 해양포유류, 바다거북 등이 폐사하는 상황도 벌어질 수 있다. 비사용가치에 문제가 생긴 경우이다. 이런 비사용가치는 존재가치와 유산가치로 구분해 볼 수 있다. 존재 가치는 실용적으로 사용하는 것과는 관계 없이 존재 그 자체로 가치가 생기는 것이다. 멸종 동물을 보호하기 위한 활동을 생각해보자. 이런 활동은 멸종 위기에 놓인 동물의 존재 그 자체에 비사용가치가 있다고 보는 것이다. 유산 가치는 자연자본이 후손들에게도 가치는 갖는 유산이라는 관점에서 보는 가치이다. 사용가치도 두 가지로 구분된다. 먼저 직접적인 사용가치. 우리가 물을 마시거나 물고기를 요리해 먹거나, 자연적인 물질로 약품을 제조하는 경우 등을 말한다. 간접적인 사용가치는 우리

36 제프리 힐(2021), 이동구 옮김, 『자연자본』, 여문책

표5 자연자본의 가치 분류

	분류	
자연자본의 가치	사용가치	직접적 사용가치
		간접적 사용가치
	비사용가치	존재가치
		유산가치

가 직접 사용하지는 않지만 자연자본이 제공하는 생태계 서비스를 말한다. 습지가 홍수를 조절하고, 숲이 온실가스를 저장하는 사례 등이 여기에 해당된다.

자연자본이 갖는 이같은 가치는 측정될 수 있을까? 자연도 경제적 자산인 만큼 가치 측정이 이뤄져야 한다는 목소리가 커지고 있다. 그 결과 나온 것이 UN의 경제 프레임워크인 '환경경제회계시스템SEEA'이다. SEEA는 국제적으로 인정받는 환경경제회계 기준으로 환경과 경제의 관계에 대한 통계를 제공하는 프레임워크를 제시하고 있다. 경제, 환경, 사회 데이터를 단일 프레임워크로 통합한 SEEA의 주제는 8개로 나눠지고 있는데 이는 농업과 임업 및 어업, 공기배출계정, 에너지, 환경활동계정, 생태계시스템계정, 토지계정, 재료플로flow계정, 물이다. 이와 함께 380개의 기관과 기업으로 구성된 자본연합Capitals Coalition도 오는 2030년까지 기업과, 금융기관, 정부가 의사 결정을 할 때 자연자본을 고려하도록 하는 방안을 추진하고 있다. 자연자본을 수치화함으로써 보다 정확한 판단을 하기 위한 움직임이 여기저기에서 진행되고 있다. 실제로 바이든 미국 대통령은 2022년 8월에 연방 정부의 의사 결정 시 자연과 자연이 주는 혜택을 잘 측정해 최초의 범정부 자연자본 계정을 만들라는 내용의 행정명령에 서명했다. 자연자산을 국가 대차대조표에 반영하고 미국민에게 영향을 미치는 경제적 의사 결정을 할 때 자연 자원을 측정해서 하라는 것이 주요 내용이다. 이와 관련해 세계은행은 120개국 이상의 국가별 자산의 구성요소에 대해 연구한 결과를 내놓았다. 이 내용을 보면, 조사 대상국에서 자연자본이 차지하는 비중은 평균 30%로 추

표6 산업별 생물다양성 손실 유발 요인 단위:달러

국가	자연자본(A)	총자산(B)	%(A/B)
보츠와나	5,420	58,895	9
중국	4,013	19,234	20
인도	2,704	10,539	26
나미비아	5,191	59,557	9
노르웨이	110,162	861,797	13
파푸아뉴기니	8,569	8,989	95
사우디아라비아	97,012	146,106	66
미국	13,822	724,195	2

주) 국민 1인당 수치
자료) 세계은행, 제프리 힐 저 '자연자본'에서 재인용

산되고 있다. 국가별로는 파푸아뉴기니가 95%로 매우 높고 산유국인 사우디아라비아가 66%, 인도 26%, 중국 20% 순이며 미국은 2%로 매우 낮게 나타났다.[37] 영국의 경제학자인 제프리 힐은 이에 대해 생물다양성과 수력발전, 하천 유역 등이 반영되지 않은 통계여서 한계가 있다는 평가를 내리고 있다. 하지만 이런 제약 조건에도 불구하고 국가별 비교를 하는 데는 유용한 지표를 제시하고 있다고 할 수 있다.

37 Wolrd Bank(2005.12.), 'Where is the Wealth of Nations? Measuring Capital for the 21st century'

'생물다양성을 지키자!', 국제 논의의 심화

자연이 무너지면서 생물다양성을 지키자는 국제논의도 폭넓게 진행돼왔다. 이 논의는 지구온난화를 위한 기후변화 협상과 비슷한 양상으로 전개돼왔다. 처음에는 논의의 씨앗을 뿌리는 다소 느슨한 형태였다면 문제의 심각성에 대한 공감대가 확산되면서 더욱 세부적이고 강화된 방안이 추가되는 식으로 진전돼왔다. 기후변화 협상의 경우 첫 발판을 놓은 계기는 1997년 일본 교토에서 개최된 제3차 유엔기후변화협약UNFCCC 당사국총회COP3에서 채택된 교토의정서이다. 교토의정서는 기후변화의 주범을 6가지 온실가스(이산화탄소, 메탄, 아산화질소, 수소불화탄소, 과불화탄소, 육불화황)로 정의하였을 뿐만 아니라, 부속서 1 국가(선진국)가 제1차 공약 기간(2008-2012년)동안에 온실가스 배출량을 1990년 수준 대비

평균 5.2% 감축하도록 하는 의무를 부과했다. 하지만 교토의정서 체제 아래서는 감축 의무를 지는 국가가 40여 개국에 그쳤고 감축 의무량도 전세계 온실가스 배출량의 22%에 불과했다. 이에 따라 2015년에 파리에서 열린 제21차 UNFCCC 당사국총회COP21에서는 197개국이 참여하는 신기후체제의 근간이 될 파리협정이 채택되었다. 파리협정은 산업화 이전에 대비한 지구의 평균 온도 상승폭을 2℃보다 훨씬 아래로 유지해야 하고, 1.5℃까지 제한하도록 노력한다고 강하게 규정했다.

교토의정서와 파리협정의 차이점을 좀 더 살펴보면, 교토의정서는 주로 온실가스 배출량 감축에 집중한 데 비해 파리협정은 감축뿐만 아니라 기후변화 적응, 재원, 기술이전, 투명성 등 다양한 분야를 포괄하고 있다. 또 교토의정서는 개별 국가에 온실가스 감축목표를 할당하는 톱다운Top-down 방식이었던 반면, 파리협정은 각 당사국이 스스로 온실가스 감축목표NDC를 설정하는 바텀업Bottom-up 방식이다. 특히 파리협정은 교토의정서와 달리 각국이 감축 목표를 지속적·점진적으로 강화하도록 했다. 즉, 5년마다 국제사회 차원에서 종합적으로 각국의 이행 상황을 점검한 다음, 차기 감축목표는 이전보다 강화되어야 한다는 '진전원칙'을 적용했다. 파리협정은 감축 목표 제출과 점검 등 절차에 일정한 구속력을 부여하여 당사국이 목표를 달성해 나가도록 유도하는 체체인 것이다.

표7 교토의정서와 파리협정의 비교

교토의정서	구분	파리협정
선진국	감축 대상	모든 당사국(NDC)
온실가스 감축에 초점	범위	감축, 적응, 이행수단(재원, 기술이전, 역량 배양) 포괄
온실가스 배출량 감축 (1차:5.2%, 2차:18%)	목표	온도 목표 (2℃ 이하, 1.5℃ 추구)
하향식	목표 설정	상향식(자발적 설정)
징벌적 (미달성량의 1.3배 페널티 부과)	의무 준수	비징벌적 (비구속적, 동료 압력 활용)
특별한 언급 없음	의무 강화	진전원칙(후퇴금지원칙) 전지구적 이행점검(매5년)
매 공약기간 대상 협상 필요	지속성	종료 시점 없이 주기적 이행 상황 점검

자료: 외교부, '파리협정(Paris Agreement) 의의 및 특징'

생물종 보호의 중요성에 대한 공감대가 국제적으로 형성되기 시작한 것은 1970년대부터이다. 당시 멸종 위기에 직면한 야생동식물종의 국제거래에 대한 협약CITES 등 협약이 체결됐다. 그러나 생물종의 멸종 속도가 더욱 빨라지면서 더 강도 높은 문제 제기가 이뤄졌다. 이에 따라 1987년 6월 유엔환경계획UNEP은 생물다양성 보전을 위한 국제적 행동 계획을 수립하기로 결정했다. 이후 1990년 7월까지 세 차례에 걸쳐 특별실무위원회가 열렸다. 이 자리에서는 생물다양성 보전을 위한 국제협약의 필요성에 대한 토의가 이뤄지고. 국제법을 비롯한 사회경제적 요인에 대한 검토가 이뤄졌으며, 재정과 기술이전 문제 등도 논의됐다. 이어 1990년 11월부터 1992년 5월 사이에 7차례의 정부 간 협상 회의가 열렸고 마침내 1992년 5월에 케냐 나이로비에서 열린 전권대표회의에서 생물다양성협약CBD:Convention on Biological Diversity이 채택됐다. 한 달 후에는 브라질 리우데자네이루에서 유엔환경개발회의UNCED가 열렸는데 이 회의에서는 기후변화협약과 사막방지화협약이 채택되는 것과 함께 생물다양성협약에 우리나라를 포함한 158개국이 서명했다. 이렇게 탄생한 CBD는 전문가 패널의 후속조치 토의 등을 거쳐 1993년 12월 29일에 발효됐다. 현재 CBD를 비준한 나라는 196개국에 이른다.

CBD는 생물다양성 보전, 생물다양성의 지속가능한 이용, 유전자원의 이용으로부터 발생하는 이익의 공정하고 공평한 공유라는 세 가지 목적을 가지고 있으며 전문과 42개 조항, 그리고 2개의 부속서로 구성돼있다. 주요 내용은 크게 가입국이 생물다양성을 보전해야 하는 의무와 가입국 간 협력으로 구분된다. 먼저 가입국의 의무를 살펴보면, 가입국은 생물다양성 보전과 지속가능한 이용을 위해 국가전략을 수립하고, 생물다양성의 구성 요소를 조사 및 감시하며, 보호지역의 설정과 환경영향 평가 등을 하도록 규정돼있다. 가입국 간 협력 사항으로는 다른 나라가 가진 유전자원에 접근할 때 해당국의 사전 승인을 받도록 하고 생명공학기술 등 생명다양성을 보전하기 위한 기술을 다른 가입국에게 이전하는 것을 촉진한다는 내용 등을 담고 있다.[38]

CBD의 주요 내용을 요약해 소개하면 다음과 같다.

제3조 원칙

국가는 환경정책에 따라 자원을 개발할 수 있는 주권적 권리를 가지며, 또한 자국 관할 또는 통제지역 안에서의 활동으로 다른 국가의 환경 또는 자국 관할권 이외 지역의 환경에 피해가 발생하지 아니하도록 보장할 책임을 진다.

제6조 보전 및 지속가능한 이용을 위한 일반적 조치

각 체약 당사자는 생물다양성의 보전과 지속가능한 이용을 위하여 국가전략계획과 프로그램을 개발한다.

제7조 확인 및 감시

각 체약당사자는 생물다양성의 보전과 지속가능한 이용에 중요한 생물다양성의 구성요소를 확인한다. 또 긴급한 보전조치를 필요로

38 국가생물다양성센터, '생물다양성협약'

하거나 지속가능한 이용에 가장 큰 잠재력을 제공하는 생물다양성의 구성 요소에 특별히 주목하면서 해당 구성요소를 표본조사 및 그 밖의 기법을 통해 감시한다.

제8조 현지내 보전

각 체약 당사자는 생물다양성을 보전하기 위하여 보호지역제도 또는 특별조치 필요지역제도를 수립한다. 보호지역에 대한 보호를 증진하기 위하여 보호지역의 인접 지역에서 환경적으로 건전하고 지속가능한 개발을 촉진한다. 생태계, 서식지 또는 종을 위협하는 외래종의 도입을 방지하고 이들 외래종을 통제·박멸한다. 생물다양성에 대한 심각한 부정적인 영향이 확인되는 경우, 활동의 관련 진행 과정 및 유형을 규제 또는 관리한다.

제9조 현지외 보전

각 체약 당사자는 위협받는 종의 회복 및 복구를 위한 조치와 이들을 천연서식지로 재반입하기 위한 조치를 취한다.

제10조 생물다양성 구성요소의 지속가능한 이용

각 체약 당사자는 생물 자원의 보전과 지속가능한 이용에 대한 고려를 국가정책 결정에 통합한다. 생물다양성에 미치는 부정적인 영향을 피하거나 최소화하기 위하여 생물자원의 이용에 관련된 조치를 채택한다.

제14조 영향평가 및 부정적 영향의 최소화

각 체약 당사자는 생물다양성에 대한 영향을 피하거나 최소화하기 위하여 생물다양성에 중대한 부정적인 효과를 미칠 수 있는 사업에 대해 환경영향 평가를 요구하는 적절한 절차를 도입한다. 자연발생적이든 아니든 관계없이 생물다양성에 중대하고 긴박한 위험이 될 활동 또는 사건에 대해 긴급대처를 위한 국가 조치를 취하며, 국가 또는 지역경제통합기구가 합의하는 경우, 공동비상계획을 수립하기 위한 국제협력을 촉진한다.

협약 체결 이후 CBD는 10년 단위로 전략계획을 수립하는 등 생물다양성 보전을 위해 다양한 활동을 벌여왔다. 대표적인 예은 지난 2010년에 일본 나고야에서 열린 제10차 당사국총회COP10에서 채택된 '2011~2020 생물다양성 전략계획'과 '아이치 생물다양성 목표Aichi Biodiversity Target'이다. 여기에는 점점 악화하는 생태계 위기를 극복하기 위해 전 세계가 집중해야 할 전략 목표 5개와 부속 목표 20개가 설정돼있다.

COP10은 생물다양성 손실에 대한 글로벌 대응 과정에서 중요한 의미를 갖는다. 먼저 당시 회의에서는 CBD 사무국이 출간한 '제3차 지구 생물다양성 전망Global Biodiversity Outlook' 보고서가 나왔는데 이 보고서는 전 세계 생물다양성의 상태가 지속적으로 악화되고 있음을 지적하면서 "생태계 위기가 되돌릴 수 없는 정점에 다가가고 있다"고 경고했다. 한국환경정책·평가연구원은 이 보고서가 2010년을 목표로 삼았던 '생물다양성협약 전략계획 2002~2010'이 실패했다는 결론을 내렸다고 밝혔다.[39] COP10이 갖는 두 번째 의미는 '생물다양성협약 전략계획 2002~2010'이 실패한 데 대응해 각국이 새로운 전략계획을 수립하고 세부적인 목표를 설정하는 데 합의했다는 점이다. 이때 나온 '2011~2020 생물다양성 전략계획'의 비전은 '2050년까지 생물다양성이 가치 있게 여겨지고 보전되며, 복원되고 또 지혜롭게 이용돼 생태계 서비스를 유지하고 지구가 건강하게 유지되며 또 모든 사람에게 필수적인 혜택이 돌아가도록 한다'이다. 또 사명은 '생물다양성 감소를 멈추기 위한 효과적이고 긴급한 행동을 취한다'이다. '2011~2020 생물다양성 전략계획'의 전략 목표 5개와 부속 목표 20개는 〈표8〉과 같다.

이렇듯 의욕적인 목표를 담은 '2011~2020 생물다양성 전략계획'의 전략 목표와 아이치 목표는 어떻게 진행되었고 어떤 평가

39 한국환경정책·평가연구원(2014), '생물다양성협약의 논의 동향과 우리나라의 대응방안'

표8 '2011~2020 생물다양성 전략계획'의 전략 목표와 아이치 목표

전략 목표	아이치 목표
A: 생물다양성을 정부와 사회의 주요 과제로 삼으로써 생물 다양성 손실 대응	1. 생물다양성 가치 등에 대한 인식 제고 2. 생물다양성 가치를 국가 및 지역개발과 국민소득 계정에 통합 3. 생물다양성 저해 유인 제거. 보전과 지속가능한 이용 위한 유인 개발 및 적용 4. 지속가능한 생산과 소비 위한 조치 실행
B: 생물다양성에 대한 직접적 압박 감축과 지속 가능한 이용	5. 서식지 손실과 훼손 축소 6. 지속가능한 해양 생물자원 관리. 남획 회피 및 회복 계획 실행 7. 지속가능한 농업, 양식업, 임업 8. 오염을 생태계 기능과 생물다양성에 해롭지 않은 수준으로 축소 9. 침입 외래종 예방과 통제 10. 기후변화와 해양 산성화에 따른 산호초 등 취약 생태계에 대한 압력 축소
C: 생태계 시스템과 종, 유전적 다양성을 보호함으로써 생물다양성 상태 개선	11. 내륙 수자원의 17%와 해안 및 바다 지역의 10% 보호 12. 멸종 억제 및 보존 개선 13. 유전적 다양성 유지 및 손실 최소화
D: 생물다양성과 생태계 서비스의 모든 대상에 대한 혜택 향상	14. 생태계와 필수 서비스의 회복 및 보호 15. 탄소 저장에 대한 생태계 회복력과 생물다양성의 기여 제고 16. 나고야의정서의 시행 및 운영
E: 참여적 계획, 지식 관리, 역량 축적을 통해 실행 개선	17. 효과적이고 참여적인 국가 생물다양성 전략계획 실행 18. 원주민 지역 공동체의 전통 지식과 혁신, 관행 존중 19. 생물다양성과 관련된 지식, 과학적 기반, 그리고 기술의 개선, 공유, 이전 그리고 적용 20. 금융자원 동원의 확충

주) 한국환경정책·평가연구원(2014), '생물다양성협약의 논의 동향과 우리나라의 대응방안'

를 받고 있을까? 답은 그리 긍정적이지 않다. 기후 변화에 대한 대응이 점진적으로 이뤄져왔듯이 생물다양성 손실에 대한 대응도 만족스런 속도로 진행되고 있지는 않다. UN은 2020년에 '글로벌 생물다양성 보고서 5'를 펴내면서 20개 아이치 목표 중 어떤 것도 달성되지 않았다고 평가했다. 6개 목표가 부분적인 진전을 보였을 뿐인데 이는 목표 9, 11, 16, 17, 19, 20(〈표8〉 참고)이다. 나머지 목표는 별다른 성과를 내지 못했다. 습지가 여전히 사라지고 있으며 수상 생태계 시스템은 심각한 위협에 직면해있다. 해양 자원의 남획은 계속 증가하고 있다. 또 해양 산성화와 해안 개발, 남획 등 탓에 산호초의 14%가 사라지고 60% 이상이 위기 상태에 놓여있다.[40]

이렇듯 UN이 아이치 목표의 달성 실패를 공식화하자 생물다양성 손실에 대응하기 위한 국제 논의는 새로운 국면에 들어선다. 상황이 심각해지고 있는 만큼 보다 적극적인 조치의 필요성이 커진 것이다. 이런 상황에서 선진 7개국G7의 정상들이 2021년 6월에 영국 콘월에서 자리를 같이 했다. 이들은 생물다양성 손실의 문제의 심각성에 공감하고 2030년까지 생물다양성 손실을 중단시키고 회복시키기 위한 역사적인 'G7 2020 자연 협약Nature Compact'을 발표한다. 이 자연 협약은 생물다양성 위기에 대응하기 위한 G7 국가들의 폭넓은 공동행동 의지를 담았다는 평가를 받았다. 이 협약을 통해 G7 국가들은 기후변화가 생물다양성 손실을 가져오는 주요 요인이며 이에 따라 생물다양성을 보존하고

40 EARTH·ORG(2021.10.11.), 'What Are the Aichi Biodiversity Targets?'

회복시키는 것은 기후변화 대응에도 매우 중요한 과제임을 분명히 했다. 이에 따라 전 세계가 탄소중립뿐만 아니라 자연을 회복시킴으로써 '네이처 포지티브nature positivie'를 이뤄야 한다는 데 G7 정상들은 의견을 같이 했다.

'G7 2020 자연 협약'의 내용을 살펴보면, G7 국가들은 오는 2030년까지 최소한 전 세계 토지의 30%와 해양의 30%를 보호하고 보존하겠다는 새로운 글로벌 목표를 지지한다고 선언했다. 이에 따라 G7 국가들이 솔선해서 자국내 토지와 내륙 수상 생태계, 그리고 해안 및 바다의 30%를 보존하겠다고 밝혔다. G7 국가들은 또 생물다양성과 기후 위기 문제에 통합 대응하고, 공급체인을 개혁해 삼림 파괴 문제를 해결해나가며, 자연에 해로운 보조금 축소, 남획과 해양 오염 억제, 생태계 회복 등을 추진해나가기로 했다. 이와 함께 자연 협약에는 자연에 대한 투자를 대폭 확대하고 의사 결정을 할 때 원주민과 지역 공동체를 포함시키겠다는 내용도 담겼다. 'G7 2020 자연 협약'은 생물다양성 손실과 자연 훼손에 대응하기 위한 선진 7개국의 강력한 정책의지와 종합 방안이 담겼다고 할 수 있다.

이 자연 협약은 전환transition, 투자investment, 보존conservation, 책임accountability의 네 개 축으로 구성돼있다. 자세한 내용은 〈표9〉와 같다.

표9 'G7 2030 자연 협약'의 주요 내용

축PILLAR	내용
1. 자연 자원의 지속가능하고 법률적 사용으로 전환	A. 지속가능한 공급체인 등을 통해 삼림파괴 문제 대응. 삼림을 파괴하지 않은 농업 생산 추진 B. 지속가능한 공급체인을 위해 소비자와 생산자가 대화 주도 C. 자연에 부정적 영향을 주는 일부 정부보조금 개혁 D. 야생동물 불법거래 등 범죄에 대한 국내외 대응 노력 강화 E. 지속 불가능한 어로 작업 등 인간 활동의 해양 환경에 대한 악영향 대응. 플라스틱 해양 오염 대처
2. 자연에 대한 투자와 네이처 포지티브 경제 추진	A. 경제 및 금융 계획과 의사 결정 시 자연 고려 B. 향후 5년 동안 자연에 대한 자금 조달 확대 기후와 생물다양성 금융의 시너지 효과 극대화 C. 국제개발 지원이 자연에 해를 끼치지 않도록 함 D. 국제개발은행, 국제금융기관, 개발금융기관이 분석과 정책 운영 시 자연 포함 E. 금융과 산업 및 기업지도자들과 협업
3. 의욕적 글로벌 목표로 자연 보호, 보전, 회복	A. 2030년까지 최소한 세계 토지의 30%와 해양의 30%를 보호, 보전한다는 새 글로벌 목표 지지 B. 생태계의 손실, 파편화 그리고 훼손을 막고 생태계를 회복시키기 위한 합의와 목표 실행을 지지 C. 종의 다양성을 늘리고, 멸종 위험을 줄이며, 궁극적으로 인간이 유발한 멸종을 중단시키기 위해 공동 노력 D. 해양에서의 글로벌 협력 확대 추진 E. 해양을 보호하기 위한 'UN 지속가능 개발 해양과학 10년(UN Decade of Ocean Science for Sustainable Development)' 지지
4. 자연에 대한 책임과 약속 실행의 우선시	A. 국가 계획에 이번 협약의 다짐을 포함시킴으로써 협약 실행 B. 2030 비전을 실현하기 위해 5년마다 열리는 G7 정상 회의 등을 통해 협약 진전 상황을 정기적으로 검토 C. 생물다양성협약을 포함한 모든 국제 환경 합의의 책임 및 실행 강화 추진

글래스고와 몬트리올, 그리고 GBF

2021년 6월에 나온 G7 2030 자연 협약은 선진 7개국이 생물다양성 손실 문제를 얼마만큼 중요하게 보고 있는지를 잘 보여주기는 계기가 됐다. 이런 분위기는 2021년 10월에 영국 글래스고에서 열린 제26차 유엔기후변화협약 당사국총회COP26와 2022년 12월 캐나다 몬트리올에서 열린 제15차 생물다양성협약 당사국총회COP15로 이어진다. 그리고 마침내 글로벌 생물다양성 프레임워크인 GBFGloabl Biological Framework가 탄생하기에 이른다. 그 과정을 살펴보자.

2021년 10월 영국 글래스고. 이곳에서 열린 유엔기후변화협약 COP26은 각국의 기후변화 대응 속도를 올리기 위한 방안이 주의제였다. 결과는 '글래스고 기후합의Glasgow Climate Pact'의 채택. 이 합의는 온난화 억제 목표 달성을 위해 온실가스 감축 목표를 추가로 상향하고, 개도국의 기후변화 적응에 대한 지원을 강화하며 기후재원을 확대한다는 것을 골자로 하고 있다. 특히 유엔기후변화협약 당사국총회 사상 처음으로 결정문에 석탄과 화석연료 보조금이 언급됐으나 '중단'과 같은 강한 내용보다는 '석탄 발전의 단계적 감축과 화석연료 보조금의 단계적 폐지'에 타협이 이뤄졌다. COP26에서는 또 100여개 이상의 국가들이 2030년까지 메탄 배출량을 2020년에 비해 30% 감축하겠다는 내용의 글로벌 메탄선언에 참여하겠다고 선언했다.

COP26에서는 한편으론 생물다양성에 대한 논의도 이뤄졌다. 그 결과 '숲과 토지 이용에 대한 글래스고 리더 선언Glasgow's leaders declaration on forest and land use'이 나온다. 이 선언은 지속가능한 발전 목표들SDGs을 달성하는 데 있어 모든 종류의 숲과 생물다양성, 그리고 지속가능한 토지 이용이 상호 작용을 하면서 중요한 역할을 하고 있음을 강조했다. 그러면서 오는 2030년까지 숲의 손실과 토지의 훼손을 중단하고 숲과 토지를 회복시키기 위해 공동 노력함과 아울러 지속가능한 개발을 추진하고 포용적인 농촌 변화를 촉진할 것이라고 다짐했다. 이 선언에는 우리나라를 포함해 145개국이 서명을 했는데 이들은 지속가능한 토지 이용, 숲과 다른 육상 생태계의 보전, 보호, 지속가능한 관리 및 회복에 대한 기존 약속을 재확인했다. 이들은 또 다음과 같은 자금 지원 의사를 밝혔다.[41]

- 숲을 보호, 회복, 그리고 지속가능하게 관리하기 위해 2021년~2025년의 기간 중 120억 달러 규모의 공적 자금 지원
- 기업과 자선단체 등 민간 부문으로부터의 72억 달러 지원
- 원주민과 지역 공동체에 대한 최소 170억 달러의 지원

생물다양성에 대한 국제 논의는 이렇듯 글래스고 COP26을 징검다리 삼아 2022년 12월 캐나다 몬트리올에서 열린 제15차 생물다양성협약 당사국총회COP15로 이어진다. 당초 COP15는 2020년 중국 쿤밍에서 열릴 예정이었지만 코로나19로 인해 개최가 연기돼 2021년 10월에 온라인으로 1부 회의가 열렸다. 이후 대면 회의 일정과 장소가 계속 협의되다가 중국의 팬데믹 상황을 고려해 개최 장소가 CBD 사무국이 있는 몬트리올로 옮겨지고 시기도 2022년 12월로 잡혔다. 연말에 열리는 만큼 몬트리올의 추위도 만만치 않았고 회의 분위기도 긴장이 고조된 상태였다. 무엇보다 '2011~2020 생물다양성 전략계획'의 전략 목표와

41 U.K. Parliament(2021.12.), 'Deforestation in the Amazon'

아이치 목표가 실패했다는 평가가 나오면서 실행 가능하고 진전된 목표가 세워져야 한다는 압박감이 회의장을 감돌았기 때문이다. 게다가 회의에 참가한 선진국과 개도국은 동상이몽同床異夢 상태에 있었다. 선진국들은 아이치 목표가 실패한 만큼 목표 수위를 올리기를 희망한 반면 개도국들은 그러기 위해서는 선진국들이 충분한 자원을 지원해줄 것을 원했다.

이렇듯 입장차가 컸던 만큼 2주 동안의 회의에서 논쟁도 치열했다. 하지만 그 결과는 쿤밍-몬트리올 글로벌 생물다양성 프레임워크GBF의 채택이었다. 2050년까지의 목표 4개와 2030년까지의 실천목표 23개로 구성된 GBF는 '자연과 조화로운 삶'이라는 비전을 오는 2050년까지 달성하기 위해 사회·경제 전 분야에서의 변혁적인 행동을 강조하고 있다. 특히 ▲2030년까지 최소한 육지의 30%와 해상의 30%를 보호지역 등으로 보전·관리하고, ▲훼손된 육지와 해양 생태계를 최소한 30% 복원하며, ▲살충제와 유해 화학물질로 인한 부정적 위험을 줄이고, ▲침입외래종의 유입과 정착률을 절반으로 줄인다는 내용을 담고 있다. 이는 이전 목표와 비교해 구체적인 도전이라는 평가를 받고 있다. GBF의 내용 중 육상과 해상의 각각 30%를 보호지역으로 지정한다는 내용은 COP15 이전에 나온 'G7 2020 자연 협약Nature Compact'을 반영한 것이다. GBF는 이와 함께 생물다양성 손실을 멈추기 위해 2030년까지 전 세계가 ▲생물다양성에 유해한 보조금을 매년 최소 5,000억 달러씩 줄이거나 개혁하고, ▲공공과 민간 등 모든 종류의 재원으로부터 매년 최소 2,000억 달러를 동원하며, ▲개도국을 지원하는 자금을 2025년까지는 매년 최소 200억 달러씩, 그리고 2026년부터 2030년까지는 최소 매년 300억 달러씩 늘리는 내용도 포함하고 있다.

이밖에 GBF의 특징은 상대적으로 당사국의 자율적인 이행에 의존했던 종전 방식에서 벗어나 이행과정을 모니터링하고 평가하는 체제를 강화한 것인데 GBF의 이행 절차를 전 지구적으로 검토하는 절차가 마련됐다. 이에 따라 당사국들은 GBF를 반영한 국가생물다양성전략을 수립하거나 갱신해 16차 총회까지 제출하고 이행 실적을 담은 국가보고서를 2026년 2월과 2029년 6월에 제출해야 하게 됐다. 아울러 국가생물다양성전략 및 국가보고서에 모든 당사국은 통일된 지표인 핵심 지표와 보조지표를 사용해야 하게 됐다. 이는 GBF 이행 상황이 정량적으로 평가되는 체제가 본격적으로 운영됨을 뜻한다.

생물다양성에 관해 종전보다 더욱 강화된 실행 방안 등을 담은 GBF는 기후변화에 대응하기 위한 '파리기후협약의 생물다양성 버전'으로 받아들여지고 있다. 기후변화 대응을 위해서는 파리기후협약이 가동되고, 생물다양성 손실에 대응하려는 목적으로 GBF가 가동되는 체제가 가동되는 것이라고 할 수 있다. 중요한 점은 2015년의 파리기후협약이후 다양한 기후 행동들이 계속 돼왔듯이 GBF는 앞으로 생물다양성 관련 정책과 규제, 시장환경 등에서 변화를 가속화할 것이라는 것이다. 이미 기업과 금융기관들은 공급체인과 건설 프로젝트 등에서 삼림파괴를 줄이거나 없애는 쪽으로 움직이기 시작했다. 하지만 GBF에 대해서는 구속력이 있는 강제 조항이 아니라는 한계가 존재한다는 비판도 제기되고 있다.

GBF가 정한 2050년 목표 4가지는 다음과 같다. (23개 2030년 실천 목표는 부록 참고)

2050 목표 2050 Goals [42]

목표 A

— 모든 생태계의 온전성·연결성·복원력을 유지·강화 또는 복원하고, 면적을 크게 확대

— 인간이 초래하는 것으로 알려진 생물종 멸종을 중단, 모든 종의 멸종률 및 위험을 1/10로 감소, 토착종의 개체수를 건강하고 복

42 환경부(2022.12.20.), 보도참고자료 '제15차 생물다양성협약 당사국총회(COP15) 마무리'

원 가능한 수준으로 증대

— 야생종 및 가축종의 개체군 내 유전 다양성이 유지되어 적응력을 보호

목표 B

— 생물다양성이 지속가능하게 이용·관리되며, 생태계 기능 및 서비스 등 자연이 인간에게 주는 혜택이 가치화되고, 유지·강화

목표 C

— 유전자원, 유전자원과 관련된 디지털서열정보 및 전통지식의 이용에서 발생하는 금전적·비금전적 이익이 토착민과 지역사회 등에게 공정·공평하게 공유되고 대폭 증가되며, 국제적으로 합의된 유전자원의 접근 및 이익공유 체계에 따라 관련 전통지식이 적절히 보호됨

목표 D

— 쿤밍-몬트리올 글로벌 생물다양성 프레임워크GBF를 이행하기 위한 수단인 재원, 역량개발, 과학기술협력, 기술에 대한 접근 및 이전이 모든 당사국(특히 개도국, 최빈국, 군서도서개도국, 시장경제전환국)에게 보장되고, 매년 7,000억 달러의 생물다양성 격차를 점진적으로 줄이며, 재정흐름을 GBF에 동조화시킴

그러면 여기에서 GBF 실천목표 중 중요도가 높은 몇 가지에 대해 알아보자. 먼저 실천목표 2는 생물다양성 손실을 가져오는

토양 및 바다 이용방식의 변화에 대응해 토양과 바다를 회복시키고 보존하도록 하고 있다. 예컨대 맹그로브 숲과 산호초를 회복시키면 폭풍과 홍수, 파도로 인한 피해를 억제할 수 있게 된다. 한 연구 결과를 보면 산호초를 회복시키는 데는 방파제를 만드는 데 들어가는 비용의 10%밖에 들지 않는다고 한다. 다음은 실천목표 3. 2030년까지 최소한 육지의 30%와 해상의 30%를 보호지역 등으로 보전·관리하자는 내용으로 GBF의 핵심 조항이다. 육지와 해상의 보호지역 비율은 지난 2010년의 경우 각각 15%와 2.6%에 불과했지만 2022년에는 17%와 8%로 확대됐다. 실천목표 3은 이를 2030년까지 각각 30%로 끌어올리자는 야심찬 계획이다. 실천목표 5의 경우 야생종의 수확, 거래, 그리고 이용을 지속가능하게, 그리고 합법적으로 하도록 하고 남획을 금지하자는 것이다. 2017년 기준으로 전 세계 어류의 3분의 1 이상이 남획되고 있는데 이 비율은 1974년의 10%에서 크게 상승한 수준이다. 한 연구 결과를 보면, 어류에 해로운 보조금을 없애는 것만으로도 오는 2050년까지 어류 바이오매스biomass, 생물량가 비율 기준으로는 12.5%, 물량기준으로는 3,500만 톤이 늘어날 것으로 전망되고 있다.

또 실천목표 7은 오염 축소에 관한 내용을 담고 있다. 살충제와 유해한 화학물질로 인한 리스크를 줄이고 플라스틱 폐기물을 감축하거나 없애자는 것이다. 현재 전 세계의 다양한 산업시설로부터 매년 3억~4억 톤의 중금속과 다른 폐기물이 버려지면서 생물다양성에 큰 피해를 주고 있다. 1980년 이래 플라스틱 해양 오염도 10배나 증가하고 있다. 그 결과, 바다 거북이의 86%, 바닷새의 44%, 해양 포유류의 43%를 포함한 267종에 악영향을 미치고 있다. 플라스틱 폐기물의 주범은 소비재의 공급체인과 자동차 타이어산업 등인데 플라스틱 사용과 플라스틱 폐기물의 잘못된 관리를 축소하는 노력이 시급한 상황이다. 실천목표 8도 중요한 내용을 담고 있다. 기후변화의 영향을 최소화하자는 것으로 기후변화 대응이 생물다양성 보전과 밀접한 관련을 맺고 있음을 보여주고 있다. 실제로 기후변화와 이에 따른 해양 산성화는 생물다양성에 심대한 악영향을 주고 있으며 2050년에 가면 생물다양성 손실을 가져오는 가장 큰 요인이 될 것으로 우려되고 있다. 화석연료 사용 축소를 포함한 기후 행동이 생물다양성 손실을 중단시키고 되돌리는데 핵심적인 과제로 제기되고 있는 이유이다. 특히 생태계를 회복하고 보전하는 일은 기후변화 완화와 적응뿐만 아니라 물 정화, 홍수 억제, 토양 건강, 생물다양성 서식지 등 생물다양성 목표와 생태계 서비스의 공급에도 도움이 될 것으로 보인다. 예컨대 맹그로브 숲과 습지의 보전과 회복은 해안을 비용 효율적으로 보호하며 상당한 규모의 탄소를 흡수, 저장하는 등의 효과를 가져온다. 맹그로브 숲은 열대우림보다 3~5배의 이산화탄소를 저장할 수 있다. 이렇듯 기후변화와 생물다양성이 '이인삼각二人三脚'으로 한 데 묶여있다는 사실을 고려하면, 사회경제 전반과 산업계의 탄소감축 노력을 더욱 가속화해야 한다는 지적을 받고 있다. 다음은 실천목표 15이다. 이 목표는 법률적, 행정적, 정책적 조치를 취함으로써 기업과 금융기관들이 생물다양성에 대한 의존도와 영향을 정기적으로 모니터, 평가, 공시하도록 하자는 내용을 담고 있다. 이는 생물다양성에 대한 부정적 영향을 줄이고, 긍정적 영향을 확대하며, 생물다양성 관련 리스크를 축소하기 위한 것이다.

2022년 12월에 이같은 내용을 골자로 한 GBF가 채택된 이후 이를 실행에 옮기기 위한 중요한 움직임이 가시화하고 있다. 지난 3월에는 193개 UN회원국들이 제5차 유엔해양생물다양성보전협약 비상회의에서 2주간의 치열한 논의 끝에 상징성이 큰 합의를 도출해냈다. '공해公海 조약High seas treaty'이 바로 그것이다. 이 조약에서 유엔회원국들이 합의한 내용은 2030년까지 전 세계 공해의 30%를 보호구역으로 지정해 야생동물을 보호하며 공해의 유전자원을 공유한다는 것이다. 공해 조약은 역사적 진전이라는 평가를 받고 있다. 2030년까지 최소한 육지의 30%와 해상의 30%를 보호지역 등으로 보전·관리하자는 GBF의 핵심 조항을 구속력 있는 국제해양조약화함으로써 이를 실질적으로 실행하기 위한 첫발을 내디뎠기 때문이다. 공해는 국가의 해안에서 200해리가 떨어진 국경 수역 밖의 해역으로 전 세계 바다의 60%를 차지하고 있으며 다양한 해양생물과 생태계, 그리고 아직 발견되지 않은 종의 '보고寶庫'이다. 이번 공해 조약은 기후 변화 대응에도 매우 중요한 역할을 할 것으로 지적되고 있다. 바다가 우리가 호흡하는 산소의 절반을 만들어 내고 탄소를 흡수하는 중요한 기능을 하고 있어서이다. EU는 "UN 공해조약 합의로 해양생물과 생물다양성을 보존하는 데 매우 중요한 진전을 이뤘다"고 강조했다.[43] [44]

공해 조약에 이어 4월에 EU에서는 생물다양성 보존과 관련된 중요한 법안이 의회를 통과했다. 이 법안은 '반反삼림파괴법'으로 EU지역에서 상품을 판매하는 기업들이 실사와 신뢰할만한 정보 제공을 통해 해당 상품이 지난 2020년 12월 31일 이후 파괴된 삼림에서 생산되지 않았음을 입증하도록 의무화하고 있다. 또 이 법을 위반할 경우 상당한 규모의 벌금을 부과하겠다는 내용을 담고 있다. 반삼림파괴법의 적용 대상은 팜오일, 소고기, 커피, 코코아, 콩, 목재, 그리고 고무이다. 이와 함께 이들 8가지 제

43 the guardian(2023.3.5.), 'High seas treaty: historic deal to protect international waters finally reached at UN'
44 조선일보(2023.3.11.), '19년간 진통 끝에 합의된 공해 조약...'보호'와 '공유' 두 마리 토끼를 잡았다'

품을 활용해 제조된 가죽, 초콜릿, 가구, 인쇄용지, 숯도 규제 대상에 들어있다. 결국, 반삼림파괴법의 목적은 법에 저촉되는 상품의 판매를 금지함으로써 이들 제품의 공급체인에서 삼림 파괴를 없애겠다는 것이다. 현재 팜오일과 콩은 EU지역에서 소비된 8가지 제품이 야기한 삼림파괴의 3분의 2를 유발한 것으로 추산되고 있다. 특히 삼림 파괴는 기후변화를 유발하는 온실가스 배출에 10%의 원인 제공을 하고 있다. 따라서 이 법안이 발효될 경우 삼림 보존과 생물다양성 회복, 그리고 기후변화 대응에 상당히 기여할 것으로 기대되고 있다.

GBF를 실행에 옮기겠다는 의지는 선진 7개국G7 모임에서도 거듭 확인되고 있다. 4월 중 일본 삿뽀로에서 열린 G7 에너지·환경장관 회담에서 참가국들은 토지와 해양의 30%를 보전하는 것을 골자로 한 GBF에 대한 지지를 표명하고 이를 실행해나가겠다고 천명했다. 이들은 2024년에 튀르키예에서 열린 예정인 COP16에 앞서 GBF를 반영한 국가생물다양성전략 및 실행 계획NBSAPs, National Biodiversity Strategies and Action Plans을 만들겠다고 약속했다. 특히 자연에 대한 투자를 늘리고 재정과 금융자금의 흐름을 GBF와 조화롭게 가져가겠다고 밝혔다.

G7 국가들은 특히 삿뽀로 회의에서 'G7 네이처 포지티브 경

제 연합G7ANPE, G7 Alliance on Nature Positive Economies'을 런칭했다. '네이처 포지티브'는 생물다양성 손실을 억제하는 차원을 넘어서 자연을 회복시키고 재생시켜 더 나은 상태를 만들겠다는 의지를 포함하고 있는 중요한 개념이다. 즉, 생물다양성과 탄소 저장, 물의 정화 같은 자연의 기능을 더 강화해 지구와 사회의 회복력을 향상시키겠다는 발상의 전환을 담고 있다. 이런 개념의 G7ANPE는 두 가지 축으로 구성돼있는데 이는 비즈니스 기회와 정보공시 개선이다. 이 중 비즈니스 기회는 네이처 포지티브 경제를 가져올 수 있는 민간 및 공공부문의 혁신과 기술에 초점을 맞추고 있다. 정보공시 개선은 말 그대로 자연 관련 정보공시 절차를 촉진하는데 주안점을 두고 있다. G7의 이번 합의는 앞으로 생물다양성 문제 해결을 위한 국제적 노력의 향배와 관련해 중요한 시사점을 던져주고 있다. 어렵사리 채택된 GBF에 대해 G7이 강력한 실행 의지를 보인 만큼 앞으로 생물다양성 손실 문제에 대응에 더욱 힘이 실리면서 기후변화와 ESG처럼 제도화가 빨라질 것으로 보인다. 생물다양성도 이젠 논의에서 실행으로 국면이 전환되고 있는 것이다.

이번에도 투자자들이 움직인다

투자자들은 리스크에 민감하다. 투자한 기업의 리스크가 커져 손실을 볼 가능성에 대해 민감하게 반응한다는 얘기다. 투자자들이 기업에 ESG 경영을 압박한 것도 같은 이유이다. ESG 경영이 부실한 기업에 잘못 투자하면 손실을 입을 수 있다고 보고 있다. 반대로 ESG 경영을 잘하는 기업에 투자하면 좋은 수익률로 보답받을 것이라는 기대를 가지고 있다. 실제로 ESG 경영으로 매출이 늘어나거나 비용이 줄수록, 또 부담하는 금리수준이 낮을수록 기업의 가치는 올라간다.

생명다양성 문제를 보는 투자자의 시선은 ESG를 바라보는 시선과 같은 맥락에서 형성되고 있다. 사실 생명다양성은 ESG의 환경에 속한 이슈이기 때문에 이 말은 동어同語반복일 수 있다. 어쨌든 한 조사 결과를 보면 자산운용사와 자산소유자의 84%는 생물다양성 손실에 대해 우려하는 것으로 나타났다. 앞에서 살펴본 것처럼 생물다양성 손실이 다양한 경로를 통해 기업리스크를 키우는 요인이 되고 있기 때문이다.

이에 따라 투자자들은 점점 생물다양성 문제에 대해 목소리를 키우고 있다. 무엇보다 GBF를 채택한 2022년 12월의 COP15를 앞두고 UN 책임투자원칙PRI에 서명한 150개 이상의 금융기관들이 자연 손실을 중단시키고 되돌리기 위한 글로벌 방안에 합의할 것으로 촉구하면서 GBF에 대한 강력한 지지 의사를 표명했다. 투자자들은 또 기업들이 생물다양성을 개선하는 행동에 나서고 관련 공시를 강화하며 이사회가 이 이슈를 잘 살펴보도록 압박하고 있다.

지난해 12월 기관투자자들이 런칭한 '네이처 액션Nature Action 100'이 대표적 사례이다. 여기에는 악사 투자운용, BNP 파리바스 자산운용, 도미니 임팩트투자, 페더레이티드 에르메스 등 기관투자자들이 참여하고 있다. '네이처 액션 100'은 투자자들이 기업의 온실가스 감축에 관여하고 있는 '클라이밋 액션Climate Action 100+'과 유사한 형태의 기구이다. 이 기구는 앞으로 생물다양성 손실

축소를 위해 기업들이 행동을 해나가도록 관여해나갈 계획이다. '네이처 액션 100'은 홈페이지에서 생물다양성 손실이 심각한 문제를 야기할 것임을 경고하고 있다.[45] 자연자본이 고갈될 경우 기업의 단기 운영비용이 늘어나고 중대한 자원의 공급이 위기에 처하며 GDP의 절반 이상이 리스크에 직면할 것이라고 강조하고 있다. 특히 기업들이 삼림 파괴를 통해 계속 상품을 생산할 경우 향후 5년~10년에 걸쳐 수백억 달러의 투자 자산이 좌초자산화할 것으로 추산된다고 밝히고 있다.

이에 따라 '네이처 액션 100'은 앞으로 생물다양성 개선을 위해 100개 중점 기업focus company을 선정하는 등 아래와 같은 일을 추진해나간다는 방침이다.

— 투자 관여를 위해 100개 중점 기업을 선정
— 중점 기업의 임원 및 이사들과 생물다양성 우선순위 논의
— 자연을 보호하고 회복시키기 위한 기업의 행동 선정
— 중점 기업들이 주요 지표에서 진전을 보이는지를 추적하고 연간 진행 생황 점검
— 자연에 초점을 맞춘 정책에 대한 투자자와 기업의 지지

45 https://www.natureaction100.org/

이에 앞서 70조 달러 규모의 자산을 운용하고 있는 투자자들의 연합 기구인 국제 기업거버넌스 네트워크ICGN은 '생물다양성 책임 거버넌스 스튜어드십 선언'을 발표했다.[46] ICGN은 이 선언에서 생물다양성의 보호와 회복을 위해 생물다양성 공시 기준과 감사에 의해 뒷받침되는 강력한 거버넌스와 투자자 스튜어드십이 매우 중요하다고 역설하면서 투자자, 기업, 그리고 정부에 아래와 같은 내용을 권고했다.

투자자

— 투자 포트폴리오가 어떻게 2030년까지 생물다양성 손실을 안정화하고 2050년까지 생태계 서비스를 회복시킬 것인지와 관련해 과학적 기반 목표를 채택

— 선도 투자기관들이 도입한 방식을 활용해 생물다양성과 자연자본에 대한 의존과 영향을 이해하는 과정을 개시

— 투자 자산, 투자 결정, 기업 모니터링, 그리고 경영 관여 등에 걸쳐 재무, 자연 그리고 인적 자본에 대한 고려를 스튜어드십 행위에 포괄적으로 통합. 이사회 멤버들이 2050년까지 생물다양성 손실을 안정화시키고 생태계 서비스를 회복시키는 문제에 대해 책임을 지도록 최우선적 고려

46 ICGN(2022.12.7-9),'ICGN Statement on the Governance and Stewardship of Biodiversity'

기업

— 어떻게 2030년까지 생물다양성 손실을 안정화하고 2050년까지 생태계 서비스를 회복시킬 것인지와 관련해 과학적 기반 목표를 채택. 기업의 계획은 물리적 및 전환 리스크, 그리고 기회에 대한 평가를 반드시 포함

— 경영진이 기업의 목적과 장기 전략의 관점에서 어떻게 생물다양성 의존과 영향, 리스크와 기회를 확인, 모니터링, 측정, 관리하는지를 감독하는 데 있어 거버넌스 절차와 이사회 역량을 명확화

— CEO와 고위 경영진의 보수 및 인센티브를 기업의 목적, 전략 그리고 인력에 연계. 이는 수량화한 재무, 인적 및 자연자본 관련 성과 목표치의 사용을 포함

정부

— 국가생물다양성 전략 및 실행 계획을 강화해 채택하고 생물다양성 목표 달성을 위한 자금지원 약속. 재생에너지, 순환생산 모델, 오염 통제, 환경 회복, 자원 효율성 등을 진전시키는 기업에 민간 투자자금이 동원되도록 유인책 도입

— 자연관련 기업 공시 기준의 베스트 프랙티스를 지원

— 국제 공조를 통해 생태계 파괴 행위를 형사 처벌. 생물다양성을 보호하고 보존지역을 확대하기에 충분한 정도의 제재 등 규제 장치를 도입

이와 함께 특정 분야(물 사용)에만 초점을 맞춘 이니시어티브도 등장했다. 자본시장의 지속가능 해법을 모색하는 비영리기관인 세레스Ceres는 2022년 8월 9.8조 달러의 자산을 운용하는 64개 투자회사와 함께 '물 금융 평가 이니시어티브Valuing Water Finance Initiative'를 런칭했다. 이 이니시어티브는 물 사용량이 많은 기업들이 금융리스크로서의 물 사용에 대해 평가하고 수자원 시스템을 보호하는 행동에 나서도록 유도하기 위한 목적을 가지고 있다. 특히 세레스는 투자자들이 대규모 기업들에 기대하는 6가지의 물 보호 방안을 내놓았다. 이 6가지 방안은 투자자들이 2030년까지 1) 물이 부족한 지역이나 물의 질質 측면에서 물의 가용성에 대해 부정적 영향을 미치지 아니하고, 2) 신선한 물 공급에 중요한 자연 생태계를 훼손시키지 않으며, 3) 훼손된 생물 서식지를 회복시키기 위해 적극적으로 노력한다는 것이다. 또, 4) 물에 대한 보편적이고 공평한 접근에 기여하고, 5) 공급체인 전반에 걸쳐 위생을 보장하며, 6) 이사회가 고위 경영진이 물 관리를 감독하는 것을 보장한다는 내용을 담고 있다.

이런 흐름 속에 ESG에 대해 강한 목소리를 내왔던 개별 투자기업들이 생물다양성 문제에 대해서도 적극적인 입장을 표명하고 있다. 먼저 세계 최대의 자산운용사인 블랙록. 블랙록은 기업들이 자연자본에 대한 의존도와 영향으로 인해 앞으로 점점 더 재무적 리스크에 직면할 것으로 보고 자연자본의 신중한 관리를 장기 기업 전략의 핵심 요소로 간주하고 있다. 이런 관점에서 블랙록은 자연자본 관련 리스크와 기회를 효과적으로 관리하지 않고 간과하는 기업의 경영진이 제안하는 사안에 대해서는 지지를 보류하고 이 문제에 책임 있는 이사의 재선임에 찬성하지 않을 것임을 분명히 하고 있다. 특히 2022년 2월에 투자자들에게 보낸 서한에서 블랙록은 생물다양성 이슈와 관련해 경영 관여를 해나갈 때 중요하게 볼 사안을 다음과 같이 열거했다.[47]

— 기업이 생물다양성 관련 리스크와 기회를 어떻게 평가하는지
— 생물다양성 보존과 실행에 관한 기업의 정책
— 생물다양성 보존을 위한 측정 수단과 목표치(서식지 및 생물다양성 회복과 보존, 책임 있는 토지 이용과 관리)
— 멸종 위기에 놓인 종의 모니터링
— 농업과 임업의 경우 토지 사용을 개선하기 위한 이니시어티브
— 자연 서식지를 유지하고, 폐기물과 온실가스를 제한하며, 기후변화의 악영향에 대응하는 혁신의 장려
— 외래종 유입을 억제하려는 노력
— 지속가능한 원자재와 부품을 구매하려는 노력

47 Blackrock(2022.2.), 'Our approach to engagement on natural capital'

— 살충제와 비료 같은 화학물질의 사용을 최소화하는 방안을 포함한 토지 및 수자원 오염 통제

이와 함께 스테이트 스트리트 글로벌 어드바이저스State Street Global Advisors는 토지 이용, 생물다양성, 자연 자원 등을 핵심 관심 사안으로 지정해놓고 있으며 특히 삼림 파괴를 생물다양성 손실과 기후변화를 가져오는 주요 요인으로 보고 있다. 이 투자사는 삼림 파괴가 공급 체인 등을 통해 기업에 리스크가 되고 있기 때문에 이사회가 이를 다른 비즈니스 리스크처럼 공시·관리해야 함을 강조하고 있다.[48] 아비바 인베스터스Aviva Investors의 경우는 자체 생물다양성 정책Aviva Biodiversity Policy을 제정해놓고 있다. 이 정책에서 아비바는 생물다양성을 보호하고 개선하는 게 지속가능성을 향한 아비바의 장기적 다짐임을 분명히 하고 있다. 아비바는 생물다양성에 대한 의사 결정과 실행을 위해 7가지의 원칙을 정해놓고 있다. 이는 다음과 같다. 1) 생물다양성의 보존과 회복, 2) 생물다양성에 대한 영향 및 의존도의 확인 및 관리, 3) 측정, 공시, 그리고 실행을 개선하기 위한 타사와의 협력, 4) 생물다양성 손실에 대응하기 위해 투자기업에 대한 관여 및 권리 행사, 5) 진전을 향한 즉시 실행, 6) 투자 기업 등을 통해 생물다양성 문제

48 STATE STREET GLOBAL ADVISORS(2022.3.), 'Environmental Management Insights: Addressing Deforestation Risk in Supply Chains'

해결, 7) 가장 큰 영향력을 발휘할 수 있는 부분의 우선 추진. 아비바는 경영 관여와 관련해서는 40개 기업을 대상으로 '관여 프로그램'을 운영하면서 이들 기업이 생물다양성 정책과 목표치에 초점을 맞추도록 유도하고 있다. 이와 함께 스테이트 스트리트의 경우처럼 기후변화와 함께 생물다양성 손실을 가져오고 있는 삼림파괴 문제를 중시하고 있다. 이밖에 마틴 커리Martin Currie사는 투자한 기업들이 생물다양성 목표치를 세우도록 압박하고 있다. 페더레이티드 에르메스Federated Hermes사는 2030년까지 생물다양성에 대한 부정적 영향을 완전히 해소하는 것을 목표로 한 '생물다양성 에쿼티 펀드'를 런칭했다. 이처럼 생물다양성에 대한 자본시장의 관심이 고조되고 있는 가운데 이에 대한 주주 제안도 크게 증가하고 있다. 기업들이 생물다양성 손실 문제에 대해 적극적으로 대응할 것을 촉구하는 주주들의 목소리가 커지고 있는 것이다. 주주제안은 주로 삼림파괴, 재활용, 살충제 사용과 오염 이슈 등을 중심으로 제기되고 있다. 이들 제안이 모두 주주총회에서 통과되는 것은 아니지만 기업들이 표대결 이전에 이를 수용하는 사례도 적지 않다. 주주제안 자체가 표결 결과에 관계없이 생물다양성 문제에 대한 기업의 태도를 변화시키고 있다고 할 수 있다.

이런 상황에서 투자자들은 생물다양성 이슈에 대해 두 가지 방식으로 대응하고 있다. 하나는 자연 관련 기회를 활용하기 위해 자본을 조달하는 것이고 다른 하나는 투자 포트폴리오에 포함된 기업이 어느 정도 생물다양성 손실에 영향을 미치고 있는지를 분석하는 것이다. 전자와 관련해서는 영국의 국왕 찰스 3세가 클라이밋 애셋 매니지먼트Climate Asset Management와 함께 세운 자연자본투자동맹Natural Capital Investment Alliance이 대표적 사례이다. 자연자본동맹은 금년 중 자연자본에 대한 투자를 위해 최소한 10억 달러를 조달하기로 했다. 이와 함께 자산운용사들이 자연자본이라는 테마를 가진 투자 상품을 판매하기 시작한 게 후자와 관련이 깊다. 예컨대 스위스의 피크텟 애셋 매니지먼트는 종 손실에 대한 기업의 영향을 측정한 다음 생물다양성에 대한 영향이 작은 기업으로 포트폴리오를 구성해 이 상품을 런칭 했다. 하지만 투자자들은 생물다양성과 관련해 아직도 갈 길이 멀다는 지적을 받고 있다. 셰어액션ShareAction의 2020년 보고서에 따르면 세계의 상위 75개 대형 자산운용사 중 생물다양성에 대한 정책을 세운 곳은 한 곳도 없는 상태이며 11%만이 투자대상 기업들이 생물다양성에 대한 부정적 영향을 줄이도록 요구하고 있는 정도이다.

한편, 금융권에서도 생물다양성에 대한 관심이 커지고 있다. 중앙은행과 감독기관의 연합기구인 NGFSNetwork for Greening the Financial System은 자연 관련 리스크에 잘못 대응할 경우 금융 안정성을 위협할 수 있기 때문에 중앙은행이 자연 관련 금융리스크를 반드시 고려해야 한다고 조언하고 있다. 금융기관들도 기업에 빌려준 대출이 자연 생태계를 해치지 않도록 하기 위한 움직임에 나서고 있다. 75개가 넘는 금융기관이 UN이 주도한 '생물다양성 금융 약속Finance for Diversity pledge'에 서명함으로써 금융 활동을 통해 생물다양성을 보호·보존해나기로 다짐했다. 이 '생물다양성 금융'은 5개의 약속으로 구성돼 있으며 서명 금융기관들이 2025년까지 이에 대한 공시한다는 것을 골자로 하고 있는데 그 약속의 내용은 〈표10〉과 같다. 금융기관들이 생물다양성 문제에 대한 대응에 적극 나서고 있는 것은 직간접적으로 생물다양성과 관련된 리스크에 노출돼있는데 따른 것이다. 직접적 리스크는 평판, 법률, 규제 리스크를 말한다. 간접적 리스크는 생태계에 크게 영향을 미치고 있거나 생태계 서비스에 의존하고 있는 기업에 나간 대출이 직면하는 리스크이다.

표10 '생물다양성 금융 약속'의 내용

약속	내용
협력과 지식 공유	평가 방법, 생물다양성 측정 방법, 목표치 등에 대해 협조하고 지식을 공유
기업경영 관여	생물다양성을 ESG 정책에 포함. 생물다양성에 대한 부정적 영향을 줄이고 긍정적 영향을 확대하기 위해 경영 관여
영향 평가	금융활동의 생물다양성에 대한 부정적/긍정적 영향 평가. 생물다양성 손실의 주요 요인 확인
목표 설정	과학적 기반에 근거해 목표치를 설정하고 공시
공시	글로벌 생물다양성 목표에 대한 금융활동의 부정적/긍정적 기여 정도를 매년 투명하게 공시

이밖에 EU에서 그린워싱을 규제하기 위해 도입된 '지속금융공시제도SFDR'는 금융시장 참가자들이 생물다양성에 부정적 영향을 미치는 투자를 공시하도록 하고 있다. 또 녹색경제활동의 기준을 제공하는 EU택소노미는 2023년부터 대기업들이 생물다양성에 상당한 영향을 미치는 경제 활동을 보고하도록 의무화하고 있다. 공급망에 대한 환경 및 인권실사 방안도 기업들이 공급체인 전반에 걸쳐 삼림파괴와 숲의 훼손을 방지하는 노력을 취하도록 요구하고 있다. 이렇듯 생물다양성 문제는 금융과 자본시장에서 기후변화와 함께 양대兩大 환경 이슈로 자리를 잡아가고 있다.

공시 프레임워크 TNFD

ESG 경영이든 기후변화 대응이든 생물다양성 경영의 실행이든 모두 기업이 어떻게 하고 있는지를 평가하기 위해 이를 공시하는 프레임워크와 지표가 필요하다. 예컨대 기후변화 대응은 큰 틀에서 지구의 기온 상승 폭을 산업화 이전 대비 1.5℃ 이하로 억제하자는 기후협약이 있고, 기업들의 탄소배출 감축 등 기후 행동을 평가하기 위한 프레임워크인 기후변화 관련 재무정보 공개 협의체TCFD, Taskforce on Climate-related Financial Discloures가 있다. TCFD는 기업이 기후 관련 리스크와 기회를 효과적으로 공시하도록 하는 프레임워크를 제공하고 있다. TCFD는 지배구조와 전략, 리스크 관리, 지표 및 목표치, 이 4가지를 핵심 영역으로 하고 있다. 이 중 지배구조는 기후 관련 리스크와 기회에 대한 이사회

감독 등 지배구조 전반에 초점을 맞추고 있다. 전략은 기후 관련 리스크와 기회가 비즈니스와 전략, 그리고 재무 계획에 미치는 영향을 공시하도록 하고 있다. 또 리스크 관리는 기업이 어떻게 기후 관련 리스크를 확인, 평가, 관리하는지를 보고 있다. 마지막으로 지표 및 목표치는 기후 관련 리스크와 기회를 평가·관리하기 위한 지표와 목표치를 밝히도록 하고 있다.

표11 TCFD 기후공시 프레임워크

항목	내용	공시 항목
지배구조	기후 위험/기회 관련 지배구조 공시	- 기후변화 위험/기회에 대한 이사회의 감독 설명 - 기후변화 위험/기회를 평가하고 관리하는 경영진의 역할 설명
전략	기후 위험/기회가 전략과 재무계획에 미치는 실재적, 잠재적 영향 공시	- 단기, 중기, 장기 기후변화 위험/기회 설명 - 기후변화 위험/기회가 사업, 전략, 재무 계획에 미치는 영향 설명 - 기온 상승폭 2℃ 이하 억제 등 시나리오 감안 시 전략의 탄력성 설명
리스크 관리	기후 위험을 어떻게 확인, 평가, 관리하는지 공시	- 기후 위험의 확인/평가 절차 설명 - 기후 위험 관리 절차 설명 - 기후 위험 확인/평가/관리 절차가 어떻게 전반적 리스크 관리에 통합돼있는지 설명
지표 및 목표치	기후 위험/기회의 평가/관리 위한 지표 및 목표 공시	- 전략과 위험 관리 절차에 따라 기후 위험/ 기회를 평가하는 데 사용된 지표 공시 - 스코프 1과 스코프 2, 그리고 해당될 경우 스코프 3 배출량과 관련 위험을 공시 - 기후 위험/기회와 목표 대비 실적을 관리 하는 데 사용된 목표치 설명

주) 스코프1: 기업이 소유·통제하고 있는 곳에서 발생하는 직접적 탄소배출
스코프2: 기업이 구매한 전기와 동력에서 발생하는 탄소배출
스코프3: 협력업체와 물류, 제품의 사용 등 밸류체인에서 발생하는 탄소배출

기후변화와 관련한 기업의 공시 프레임워크로 지금까지 얘기한 TCFD가 있다면 생물다양성에서는 자연 관련 재무정보 공개협의체인 TNFD(Taskforce on Nature-related Financial Discloures)가 있다. TNFD는 TCFD의 자연 관련 버전으로 기업이 자연 관련 리스크와 기회, 그리고 영향 등을 투명하게 공시하는 프레임워크를 제공하고 있다. 이를 통해 기업이 의사 결정 시 자연을 주요 요소로 고려하도록 함과 아울러 투자 자금의 흐름이 자연을 훼손하는 기업 활동으로부터 자연을 보호하고 회복시키는 네이처 포지티브 활동으로 방향을 바꾸도록 하자는 게 TNFD의 목적이다.

이 협의체는 2021년 10월에 G7 재무장관과 G20 지속가능금융 로드맵이 승인해 만들어 졌으며 현재 기업, 금융, 과학 등 분야의 전문가들이 참여하고 있다. TNFD는 2022년 3월에 베타 v0.1을 내놓은 데 이어 6월에 v0.2, 11월에 v0.3, 그리고 2023년 3월에 v0.4를 공표했는데 9월에 최종안을 제시한다는 계획이다. 2년 간의 논의 끝에 최종안이 나오면 기업의 자연 관련 공시 시대가 열리는 큰 의미를 갖게 된다. 이렇게 되면 기업들은 앞으로 사업과 자연의 관계를 보다 잘 이해하게 되고 과학에 근거한 의사결정을 내리게 될 것이다. 아울러 자연을 보호하고 개선하는 전략을 수립하고 그 과정에서 새로운 기회도 포착할 수 있게 될 것으로 보인다.

그러면 여기에서 TNFD 공시안의 내용에 대해 자세히 알아보자. 앞에서 얘기한 것처럼 TNFD가 TCFD의 자연 관련 버전인 만큼 내용이 상당히 유사하다.

먼저 핵심 4개의 영역을 보면, 지배구조, 전략, 지표와 목표치는 동일하다. 다만 TCFD에서 '리스크 관리'인 것이 TNFD에서는 '리스크 및 영향 관리'로 약간의 차이가 있다. 기업이 자연에 끼치는 영향을 포함한 데 따른 것으로 보인다. 또 TNFD의 4개 영역 밑에는 모두 14개의 공시 권고 사항이 있는데 이중 11개는 TCFD에서 가져온 것이다. TNFD안 중 지배구조는 자연에 대한 기업의 의존도, 영향, 리스크와 기회에 대해 기업의 지배구조를 공시하도록 하고 있다. 전략은 자연 관련 의존과 영향, 리스크 및 기회가 사업과 전략, 재무 계획에 미치는 실제적 및 잠재적 영향에 초점을 맞추고 있다. 리스크 및 영향 관리는 기업이 어떻게 자연 관련 의존과 영향, 리스크 및 기회를 확인, 평가, 관리하는지를 밝히도록 하고 있다. 마지막으로 지표와 목표치는 자연 관련 의존과 영향, 리스크 및 기회를 평가·관리하기 위한 지표와 목표치를 공표하도록 하고 있다. 단어만 '기후'에서 '자연'으로 바뀌었을 뿐 내용은 TCFD와 대동소이大同小異하다.

TNFD가 TCFD와 크게 다른 점은 공시안에 대한 자율적인 안내지침을 내놓았다는 점이다. 이유가 있다. 생물다양성 같은 자연 이슈에 대한 이해도가 낮은 만큼 실용적인 가이드라인이 필요하다는 시장참가자들의 요구가 있었기 때문이다. 이에 따라 TNFD는 LEAP으로 불리는 안내지침을 공표했다. 모두 16개의 세부 단계로 구성된 LEAP은 아래와 같은 의미를 가지고 있다.

— Locate: 기업과 자연의 접점의 위치를 확인
— Evaluate: 자연에 대한 의존과 영향을 평가
— Assess: 자연 관련 리스크와 기회를 평가
— Prepare: 자연 관련 리스크 및 기회에 대해 대응하고 투자자들을 대상으로 공시를 할 준비

이처럼 LEAP 방식은 기업이 자연에 영향을 미치는 위치를 확인한 다음 그곳을 중심으로 의존도와 영향, 그리고 리스크와 기회를 평가한 다음 이를 공시하는 것을 골자로 하고 있다. 하지만 LEAP은 기업이 반드시 해야하는 의무 사항은 아니다. TNFD 공시 권고안을 시행할 때 내부 분석이나 토론용으로 쓰일 수 있는 자율적 가이드라인의 성격을 지니고 있다. LEAP의 16개 세부 단계에서 기업이 자체 진단하는 질문의 내용을 소개하면 다음과 같다.

표12 TNFD 공시 프레임워크

항목	내용	공시 항목
지배구조	자연에 대한 기업의 의존도, 영향, 리스크와 기회에 대해 기업의 지배구조를 공시	- 자연 관련 의존, 영향, 리스크 그리고 기회에 대한 이사회의 감독 설명 - 자연 관련 의존, 영향, 리스크 그리고 기회를 평가·관리하는 경영진 역할 설명
전략	자연 관련 의존과 영향, 리스크 및 기회가 사업과 전략, 재무 계획에 미치는 실제적 및 잠재적 영향 공시	- 단기, 중기, 장기에 걸쳐 확인된 자연 관련 의존, 영향, 리스크 그리고 기회 설명 - 자연 관련 의존, 영향, 리스크 그리고 기회가 사업, 전략, 재무계획에 미치는 영향 설명 - 다른 시나리오 고려 시, 자연 관련 리크스와 기회에 대한 전략의 회복력 설명 - 기업이 직접 운영하는 활동과 자산, 업스트림과 다운스트림이 있는 곳 공시
리스크 및 영향 관리	기업이 어떻게 자연 관련 의존과 영향, 리스크 및 기회를 확인, 평가, 관리하는지 공시	- 직접 운영하는 곳에서 자연 관련 의존, 영향, 리스크 그리고 기회를 확인- 평가하는 절차 설명 - 업스트림과 다운스트림에서 자연 관련 의존, 영향, 리스크 그리고 기회를 확인하는 방식 설명 - 자연 관련 리스크를 확인- 평가- 관리하는 절차가 어떻게 전반적 리스크 관리에 통합돼있는지 설명 - 자연 관련 의존, 영향, 리스크 그리고 기회에 대한 평가와 대응에 관련 이해관계자를 어떻게 참여시키고 있는지 설명
지표 및 목표치	자연 관련 의존과 영향, 리스크 및 기회를 평가·관리하기 위한 지표와 목표치 공시	- 전략과 리스크 관리 절차의 맥락에서 자연 관련 리스크와 기회를 평가- 관리하는데 활용되는 지표 공시 - 자연에 대한 의존과 영향을 평가- 관리하는데 활용되는 지표 공시 - 자연 관련 의존, 영향, 리스크 그리고 기회를 관리하는데 활용되는 목표치와 목표, 그리고 이에 대비한 성과를 설명

Locate: 기업과 자연의 접점의 위치를 확인

L1: 사업 발자국 — 직접적 자산과 사업, 그리고 밸류체인 활동은 어디에서 일어나는가?

L2: 자연과의 접점 — 기업 활동이 어떤 생태계와 접점을 형성하고 있는가? 각 위치에서 생태계는 어느 정도 중요성을 갖는가?

L3: 우선순위 위치 확인 — 기업과 밸류체인이 생태계가 빠르게 훼손되고 생물다양성의 중요성이 큰 곳에서 운영되고 있는 곳은 어디인가?

L4: 부문 확인 — 어떤 부분, 부서, 밸류체인, 자산이 우선순위를 갖는 위치에서 자연과 맞닿아있는가?

Evaluate: 자연에 대한 의존과 영향을 평가

E1: 관련 있는 환경 자산과 생태계 서비스 확인 — 각 우선 순위 위치에 있는 사업 프로세스와 활동은 무엇인가? 각 우선 순위 위치에서 어떤 환경 자산과 생태계 서비스에 대해 의존을 하고 영향을 미치고 있는가?

E2: 의존과 영향 확인 — 각 우선 순위 위치에서 사업 전반에 걸쳐 자연에 대한 의존과 영향은 어떤가?

E3: 의존도 분석 — 각 우선 순위 위치에서 자연에 대한 의존도의 규모와 정도는 어떤가?

E4: 영향 분석 - 각 우선 위치에서 자연에 대한 영향의 규모와 정

도는 어떤가?

Assess: 자연 관련 리스크와 기회를 평가

A1: 리스크와 기회 확인 — 리스크와 기회는 무엇인가?

A2: 기존 리스크 완화와 리스크 및 기회 관리 — 이미 시행하고 있는 기존 리스크 완화 조치와 리스크 및 기회 관리 방식은 무엇인가?

A3: 신규 리스크 완화와 리스크 및 기회 관리 — 어떤 신규 리스크 완화 조치와 리스크 및 기회 관리를 고려하고 있는가?

A4: 리스크 및 기회 중대성 평가 — 어떤 리스크와 기회가 중대성을 갖고 있으며, TNFD 공시 권고안에 따라 공시돼야 하는가?

Prepare: 자연 관련 리스크 및 기회에 대해 대응하고 투자자들을 대상으로 공시를 할 준비

〈전략 및 자원 분배〉

P1: 전략 및 자원 분배 — 분석의 결과 어떤 전략과 자원 배분 결정이 내려졌는가?

P2: 성과 측정 — 어떻게 목표를 설정·정의하고 진행 정도를 측정할 것인가?

〈공시 행위〉

P3: 보고 — TNFD 공시 권고에 맞춰 무엇을 공시할 것인가?

P4: 공표(프리젠테이션) — 자연 관련 공시를 어디에서 그리고 어떻게 공표할 것인가?

이 같은 내용의 TNFD 공시안은 2022년 12월에 채택된 글로벌 생물다양성 프레임워크GBF와 밀접한 관련을 갖고 있다. GBF의 '실천목표 15'는 기업과 금융기관들이 생물다양성에 대한 의존, 영향, 그리고 리스크를 모니터하고, 평가하며, 투명하게 공시하도록 하고 있는데 TNFD가 이를 실행하는 방안으로 기능을 하고 있다. 앞으로 중요한 점은 현재는 자율적 권고 사안으로 추진되고 있는 TNFD가 공시 의무화 단계로 들어설 수 있을까하는 점이다. 이와 관련해 TNFD의 공동 회장인 엘리자베스 마루마 므리마는 맥킨지와의 인터뷰에서 "GBF 하의 공시는 자율에서 의무화 단계로 바뀌어나가야 한다"고 강조해 궁극적으로 공시 의무화를 염두에 두고 있음을 시사했다.[49]

하지만 이 같은 노력에도 불구하고, 생물다양성에 관한 공시 기준 표준화는 기후변화보다는 더 어려운 과제임은 부인할 수 없다. 기후변화의 경우 온실가스 측정이 용이하지는 않지만 그래도 상대적으로 분명한 측정 지표가 존재해 표준화 작업이 빠르게

49 McKinsey & Company(2023.4.20.), 'Seeing nature differently: How businesses are waking up'

진행되고 있다. 이에 비해 자연과 생물다양성 이슈는 상당히 다면적인데다 지역에 따라 상이성이 커 공시시준을 표준화하는 데는 시일이 더 걸릴 전망이다.

4

'네이처 포지티브' 생물다양성 경영

생물다양성 손실에 대응하는 기업의 활동은 아직은 갈 길이 먼 상태이다. 하지만 생물다양성 이슈는 기후변화와 함께 ESG 환경경영의 본류로 빠르게 진입할 것으로 예상된다. 2022년 말에 글로벌 생물다양성 프레임워크 GBF에 대한 국제적 합의가 이뤄진데다 2023년 9월에 공시 표준안인 TNFD 최종안이 공표될 것으로 보이는 만큼 기업 경영에 적용되는 제도화 작업이 빨라질 것으로 보이기 때문이다. 아울러 ESG나 기후변화의 경우처럼 투자자들이 생물다양성 손실을 리스크로 보고 기업의 대응을 압박하고 있는 만큼 생물다양성이 기업 경영의 핵심이슈화하는 것은 시간문제인 것으로 보인다.

생물다양성과 ESG

생물다양성은 기본적으로 ESG의 환경에 속하는 주제 중 하나여서 ESG와 밀접한 관련을 맺고 있다. ESG의 환경 관련 지표로는 온실가스 배출량, 에너지 사용량, 원부자재 사용량, 용수 사용량, 오염물질 배출량, 순환경제, 생물다양성 등이 있는데 기후변화가 중대한 이슈여서 온실가스 배출량에 주된 관심이 쏠려왔다. 하지만 최근들어 기후변화와 생물다양성 손실이 서로 밀접하게 얽혀 있다는 점에 대한 인식이 제고되면서 생물다양성이 ESG 투자의 주요 이슈로 떠오르고 있다. 이와 관련해 주목을 끌고 있는 것은 영국의 주요 자산운용사인 쉬로더가 동남아시아 지역의 자연자본에 투자하기 위해 컨서베이션 인터내셔널Conservation International과 파트너십을 맺은 것이다. 이는 환경에 긍정적 영향을 미치는 투자 상품에 대한 시장의 수요가 존재함을 잘 보여주고 있다. 쉬로더 측은 이에 대해 자연은 탄소 감축에 상당히 기여할 수 있기 때문에 앞으로 많은 자금이 자연자본으로 흘러 들어갈 것이라고 전망하면서 생물다양성 없는 탄소중립은 있을 수 없다고 단언했다.[50]

그러면 여기에서 생물다양성이 ESG 지표에 어떻게 포함돼있는지를 살펴보자. 먼저 한국ESG기준원이 만든 ESG 환경 모범규준. 이 규준은 대분류에서 리더십과 거버넌스, 위험관리, 운영 및 성과, 이해관계자 소통에 초점을 맞추고 있다. 세부 내용에서 자연 및 생물다양성과 관련된 주제를 소개하면, 환경경영 리더십, 환경경영 전략 및 목표, 환경경영 거버넌스, 환경위험과 기회의 식별, 평가 및 관리, 위험관리 체계, 친환경 사업장, 생태계 보전 등을 들 수 있다. 특히 생물다양성과 관련해서는 생태계 보전 활동 부문에 3가지의 내용이 열거 돼있다. 그 3가지는 ▲자연자원 이용에 따른 위험과 기회 요인 평가, 관리 활동 지속 및 관련 정보 공개, ▲생물다양성 보전을 위한 기업 활동과 관련 정보 공개, ▲해양생태계 인위적 훼손 방지 및 해양 생물다양성 보전 노력이다.

50 Financial Times(2022.9.20.), 'Biodiversity quickly rises up the ESG investing agenda'

ESG 공시 기준을 제시해온 GRI도 생물다양성에 대한 공시 표준안을 내놓았다.[51] GRI의 생물다양성 공시기준은 크게 7가지의 주제로 분류돼 있는데 상세한 내용은 〈표13〉과 같다.

생물다양성 이슈는 현재 ESG 공시 표준화 방안을 만들고 있는 국제지속가능성기준위원회ISSB에 의해서도 주요 변수로 고려되고 있다. ISSB는 6월 말에 기후 및 지속가능 공시 표준 최종안을 내놓을 예정이며 먼저 기후공시를 2024년부터 시행한다는 일정표를 제시해놓고 있다. 엠마누엘 파베르 ISSB 회장은 이와 관련해 "기업이 창출하는 가치는 기업이 의존하고 있는 자연자원과 불가분의 관계를 가지고 있다"고 강조했다.[52] 이에 따라 ISSB는 현재 개발 중인 기후공시 표준안과 생물다양성 문제를 연계시키는 방안도 추진하기로 했다. 이는 앞으로 나올 ESG 공시 표준안에 생물다양성이 주요한 이슈로 포함될 것임을 의미한다.

이와 별도로 세계경제포럼WEF도 2020년에 글로벌 회계기업들과 공동으로 '이해관계자 자본주의 측정지표SCM, Stakeholder Capitalism Metrics'를 내놓았는데 여기에도 생물다양성 손실과 같은 개념인 '자연 손실Nature loss'이 포함돼있다. WEF는 SCM 백서에서 "계속

51 GRI(2022), 'GRI Topic Standard Project for Biodiversity - Exposure draft'
52 ESG CLARITY(2022.12.15.), 'COP15:ISSB to incorporate nature into disclosure standards'

되는 생물다양성 파괴와 이에 따른 자연 혜택의 상실은 기업에 중대한 리스크가 되고 있고 미래의 삶의 수준에 중요한 위협이 되고 있다"고 강조했다. SCM은 크게 네 가지 축으로 구성돼는데 이는 지배구조 원칙Principles of Governance, 지구Planet, 사람People, 번영Prosperity이다. 여기에서 지구는 ESG의 환경과, 그리고 사람과 번영은 사회와 유사하다. 생물다양성 손실과 비슷한 개념인 자연 손실은 '지구'에 들어있는데 토지 이용과 생태적 민감도를 공시하도록 하고 있다.

표13 GRI 생물다양성 공시 기준안

공시 주제	내용
가장 중대한 영향을 갖는 사업장 위치	- 어떤 사업장과 공급체인 사업장이 생물다양성에 가장 중요한 영향을 미치는지 설명 - 생물다양성에 가장 중요한 영향을 미치는 사업장과 공급체인 사업장의 지리적 위치와 규모 보고 - 사업장이 생물다양성 가치가 높은 지역에 있거나, 가깝거나, 이를 포함하고 있는 경우 그 지역의 이름과 그 지역과의 거리 보고
생물다양성 손실의 직접적 요인	- 스코프1, 스코프2, 스코프3 온실가스 배출 보고 - 침입외래종, 토지와 바다 이용, 과잉 자원이용, 침입 외래종이 생물다양성 손실의 주 요인일 경우 이에 책임 있는 각각의 활동 설명 - 생물다양성 손실의 주 요인을 관찰하기 위한 절차 설명
생물다양성 상태	- 생태계에 대한 영향과 관련해 생태계 유형, 규모, 상황 보고 - 종에 대한 영향과 관련해 종의 이름과 멸종 리스크 보고 - 공급체인 활동에 의해 영향을 받는 생태계 상황 보고
생태계 서비스	- 사업 활동에 의해 영향을 받는 중요한 생태계 서비스 보고 - 공급체인 활동에 의해 영향을 받는 중요한 생태계 서비스 보고 - 생태계 서비스가 어떻게 영향을 받는지 설명

생물다양성 영향 관리	- 생물다양성 손실의 주 요인을 관리하기 위한 방안 설명. 여기에는 부정적 영향 회피 및 최소화, 생태계 회복 방안 포함 - 생물다양성과 기후변화 영향의 관리 방안이 어떻게 시너지 효과를 가져오는지 보고
생물다양성 손실의 중단 및 반전	- 생물다양성 손실을 중단시키고 되돌리기 위한 정책 설명 - 위 정책이 사업활동과 공급체인, 다운스트림 활동에 어느 정도 적용되는지를 설명 - 생물다양성 중단 및 반전이 근로자와 지역사회에 가져오는 부정적 영향에 어떻게 대응하는지 설명
접근과 혜택 공유	- 접근 및 이익 공유 허가의 수와 허가국(國) 보고 - 금전적/비금전적 이익 공유의 형식과 규모, 그리고 분배 방식 설명 - 금전적/비금전적 이익 공유가 원주민과 지역 사회, 그리고 생물다양성의 보존과 지속가능한 사용을 어떻게 지원하는지 설명

생물다양성은 보다 큰 틀에서는 지속가능발전을 위한 중요한 주제이다. UN은 지난 2015년에 인류와 지구를 위한 평화와 번영의 청사진으로 '지속가능 개발을 위한 2030 어젠다'를 발표하면서 17가지의 '지속가능 개발 목표SDGs, Sustainable Development Goals'를 채택했다. 이들 17가지 목표 중 14번째인 해양 생태계 보호와 15번째인 육상 생태계 보호가 바로 생물다양성 이슈이다. 이 중 해양 생태계 보호는 바다와 해양자원, 그리고 어업 종사자를 보호하는 것을 목표로 하고 있다. 또 육상 생태계 보호는 지속가능한 삼림 경영과 육상생물의 다양성 보전을 포함하고 있다. 지속가능한 삼림경영과 관련해서는 불법 벌채, 토양의 침식 및 유실 등이 문제로 제기되고 있고 생물다양성 보전과 관련해서는 삼림벌채

로 인한 서식지 축소 등이 과제로 꼽히고 있다.[53]

지속가능 개발 목표 SDGs

1. 빈곤 퇴치
2. 기아 종식
3. 건강과 웰빙
4. 양질의 교육
5. 양성평등
6. 깨끗한 물과 위생
7. 깨끗한 에너지
8. 양질의 일자리와 경제성장
9. 산업, 혁신과 사회 기반시설
10. 불평등 완화
11. 지속가능한 도시와 공동체
12. 책임있는 소비와 생산
13. 기후변화 대응
14. 해양생태계 보호
15. 육상생태계 보호
16. 평화, 정의와 제도

53 딜로이트 컨설팅(2018), 배정희·최동건 옮김, 『UN 선정, 미래 경영의 17가지 과제 지속가능발전목표란 무엇인가』, 진성북스

17. 목표를 향한 파트너십

지금까지 살펴본 것처럼 생물다양성은 ESG 환경 부문의 중요한 주제임은 물론 이해관계자 자본주의 측정지표와 지속가능 개발 목표에도 포함된 중대 이슈이다. ISSB가 추진 중인 지속가능 공시 방안에서도 생물다양성이 통합될 것으로 관측되고 있다. 이처럼 생물다양성의 중요성이 점점 커지고 있어 '기후변화 다음은 생물다양성'이라는 얘기가 나오고 있을 정도이다. 앞으로 ESG의 환경 이슈는 기후변화와 생물 다양성, 이 두 개 축을 중심으로 논의가 진행돼 나갈 것으로 보인다.

자연을 되살려야 기업도 산다!

팜유는 기름야자의 열매를 압착해서 만든 기름이다. 비누, 샴푸, 립스틱에서부터 아이스크림, 초콜릿에 이르는 제품에 쓰인다. 문제는 야자 재배에 필요한 땅을 개간하기 위해 농부들이 천연림에 불을 질러 열대우림을 파괴하면서 대규모의 탄소가 배출되고 오랑우탄 등 동물의 서식지를 없앤다는 데 있다. 해당 지역의 생물다양성에 치명적인 악영향을 미치는 것이다.

세계 최대의 팜유 구매업체는 영국의 생활용품 업체인 유니레버이다. 유니레버는 그린피스 등으로부터 환경 파괴를 이유로 큰 비난에 직면했다. 이에 따라 유니레버는 삼림 파괴 없이 지속 가능한 방식으로 팜유를 생산하기로 하고 네슬레, 테스코, P&G,

월마트, 코카콜라, 펩시 등 다른 소비재 기업들과 협력 체제를 구축했다. 이와 함께 지속가능한 공급사슬이 필요하다고 보고 팜유를 가장 많이 거래하는 3개 기업인 골드 아그리-리소스, 월마, 카길을 끌어들이는 데 성공했다. 이 같은 노력에도 불구하고 유니레버의 노력은 100% 순도의 성공을 거두지 못했다. 실제 팜유를 생산하는 소농들에게 나무를 베지 못하도록 설득하는 일이 매우 힘들었기 때문이다.[54] 하지만 이 사례는 유니레버가 시민단체의 요구 사항을 수용해 자연을 보호하고 생물다양성을 회복시키는 일에 조직적으로 나선 '생물다양성 경영'을 잘 보여주고 있다. 이뿐만이 아니다. 이케아는 '2030 숲 포지티브 어젠다'를 통해 삼림을 파괴하지 않는 업체로부터 목재를 구매하기로 했다. 코카콜라 또한 농부와 지역사회가 삼림을 파괴하지 않도록 돕고 있다.

일부 기업들이 이같이 선도적인 움직임에 나서고 있지만, 생물다양성 손실에 대응하기 위한 기업의 발걸음은 아직은 더디기만 하다. 초기 단계라고 할 수 있다. 기후변화 대응보다는 폭넓은 논의와 공감대 확보에 시동이 늦게 걸렸기 때문이다. 로이터의 보도를 보면, 세계의 가장 영향력 있는 기업 중 자사自社 사업이 자

54 리베카 핸더슨 지음(2020), 임상훈 옮김, 『자본주의 대전환』, 어크로스

연에 얼마나 의존하고 있는지를 인식하고 있는 기업은 1%에도 미치지 못한다. 기업 활동이 야생동물과 나무, 그리고 식물에 어떻게 영향을 미치고 있는지를 과학적 방식으로 평가하고 있는 기업은 5%에 그치고 있다. 또 97%의 기업은 자연이 훼손되는 속도보다 자연을 더 빠르게 회복시키는 네이처 포지티브 전략을 공표조차 하지 않고 있다.[55] 포춘 글로벌 500대 기업를 대상으로 맥킨지가 실시한 설문조사 결과를 보면, 생물다양성 손실에 대해 인지하고 목표치를 정한 기업은 5%에 불과하다. 이는 기후변화 대응의 83%보다 훨씬 낮은 수준이다.[56]

기업들은 기후 변화에 비해 생물다양성 관련 지표의 공시에 대해서도 소극적인 모습을 보이고 있다. CDP에 따르면 2022년에 세계적으로 1만 8,600개 이상의 기업이 CDP를 통해 기후변화 데이터를 공시했다. 반면, 생물다양성 데이터를 공표한 기업은 절반에도 미치지 않는 7,700여 개 정도에 그쳤다. 특히 물 관련 데이터를 내놓은 기업은 4,000개 정도, 그리고 숲 관련 데이터를 공시한 기업은 1,000여 개에 불과했다. 또 삼림 파괴에 대한 공급업체들의 영향을 줄이기 위해 재정적 그리고 기술적 지원을 하는 기

55 Reuter(2022.12.6.), 'Comment: Why 'Paris Agreement for nature' won't happen without help from business'
56 McKinsey & Company(2022.9.), 'Where the world's largest companies stand on nature'

업은 1%에 머물렀다.[57] OECD는 금융 부문의 경우에도 자연에 대한 의존도, 영향 그리고 그 리스크를 이해하는 정도가 매우 낮아 자본 배분이 잘못 이뤄지고 있으며, 이로 인해 궁극적으로 사회의 후생도 훼손되고 있다고 평가했다.

하지만 희망적인 면도 있다. 생물다양성에 대한 기업들의 인식이 점점 개선되는 추세를 보이고 있다. CDP의 설문 조사 결과를 보면, 응답 대상 중 31%의 기업이 생물다양성 관련 이니시어티브에 참여하고 있으며, 25%는 향후 2년 안에 그렇게 할 계획이라는 의사를 표명하고 있다.[58] 실제로 자연 보호와 생물다양성 보존을 위한 활동에 적극적으로 나서고 있는 기업이 점점 늘어나고 있다. 대표적인 기업은 '우리는 지구를 구하기 위해 사업을 한다'는 사명 선언문을 내건 의류기업 파타고니아이다. 이본 쉬나드 파타고니아 창업자는 맥킨지와의 인터뷰를 통해 "우리가 할 수 있는 최선은 지구에 피해를 주는 것을 최소화하는 것"이라고 강조하고 "우리가 가지고 있는 최선의 수단 중 하나는 올바른 일을 함으로써 이익을 내는 것을 보여주는 것"[59]이라고 말했다. 자

57 CDP(2022), 'Supply Chain Report 2022'
58 Corporate Knights(2022.12.20.), 'Businesses and investors need to roll up their sleeves and join the race to revive biodiversity'
59 McKinsey & Company(2023.), 'Patagonia shows how turning a profit doesn't have to cost the Earth'

연을 보호하면서도 재무적으로 건강한 기업의 모범을 파타고니아가 보여주고 있는 것이다. 또 다른 기업은 소프트웨어 기업인 세일즈포스이다. 이 기업은 네이처 포지티브 전략을 추진하면서 자연에 대한 영향을 축소하고 자연 회복을 선도하는 데 초점을 맞추고 있다. 이와 관련해 세일즈포스는 2025년까지 기후에 대한 영향과 의존도를 줄이는 방안을 관리·개발해나가고, 2030년까지 100만 그루의 나무를 보존·회복시키는 것을 지원하며, 생태계 회복 및 기후정의 기금Ecosystem Restoration & Climate Justice Fund에 1억 달러를 지원하기로 했다. 기후에 초점을 맞춰온 자사 프로젝트에 자연 및 생물다양성 목표를 포함하겠다는 게 세일즈포스의 생각이다. 대표적인 예는 '나무 1조 그루 이니시어티브Trillion Trees Initiative'이다. 당초 세일스포스는 나무를 심어 100기가톤의 탄소를 저장하겠다는 목표를 세웠지만 이제는 생물다양성을 확대하고 자연을 보존하는 일에 더 비중을 두고 있다.

이처럼 자연과 생물다양성을 중시하는 경영을 하는 기업이 적지 않다. 일부 기업의 사례를 소개해보려고 한다.

H&M 그룹

스웨덴에 본사를 둔, 글로벌 패션 기업이다. 자연자본에 대한 영향과 의존도라는 측면에서 H&M은 많은 도전적인 과제에 직면해있다. 이에 따라 이 기업은 생물다양성에 대해 넷 포지티브한 영향을 실현하는 것으로 목표로 삼고 있다. 이를 위해 산업 내 협력체제에 가입하고 정부와 협조함으로써 패션 산업 내에서 지속가능 리더 기업이 됐다. H&M은 1990년대에 자연에 의존하고 있음을, 특히 공급 체인 전반에 걸쳐 물에 의존하고 있음을 인식하고 공장, 다른 기업, 그리고 정부와 협조체제를 구축하는 등 총체적인 물 전략을 추진했다. 특히 생물다양성과 관련해서는 이를 측정하고 분석하기 위해 '생물다양성 영향 지표BIM'를 활용하고 있다. 이 기업은 또 생물다양성을 회복시키기 위해 WWF와 함께 면화 농가가 재생 농업을 영위하도록 돕기도 했다.

BNP파리바

프랑스의 국제금융그룹인 BNP파리바는 사업 전반에 걸쳐 기후변화와 생물다양성 대응을 통합해 실시하고 있다. 특히 생물다양성 보존을 핵심 비즈니스에 반영하고 있다. BNP파리바는 그린 금융 기관인 야푸YAPU와 협조해 아프리카와 남미 지역에서 생물다양성에 관련된 주제들을 마이크로금융에 통합하는 프로젝트를 진행했다.

마힌드라 & 마힌드라

인도 굴지의 자동차기업인 마힌드라 & 마힌드라는 탄소중립과 물 포지티브, 그리고 친생물다양성 기업이 되겠다고 다짐했다. 마힌드라는 중요한 생태계 서비스를 잃게 되면 사업을 영위하기 어렵고 자연을 보호하겠다는 다짐을 실행하는 게 어려워질 것임을 잘 인식하고 있다. 이에 따라 매년 백만 그루의 나무를 심기로 했다. 이 기업은 자연에 근거한 해법으로 기후변화 완화와 생물다양성 개선을 동시에 추진하고 있는데 나무 심기 사업이 여기에 해당한다. 마힌드라는 포괄적인 중대성 평가를 통해 자연에 대한 영향과 의존도를 파악하고 있다. 여기에서 말하는 중대성 평가에는 주요 환경 이슈의 확인 및 평가, 내외부 이해관계자와의 소통, 선도 기업 벤치마킹 등이 포함돼있다.

인터내셔널 페이퍼

미국 테네시주에 본사가 있는 인터내셔널 페이퍼는 세계 최대의 포장 및 펄프 기업이다. 인터내셔널 페이퍼는 제지 기업이 삼림을 파괴하지 않으면서 제품을 생산하는 것을 보여주겠다고 선언하고 이를 실현하기 위해 '비전 2030'을 내걸었다. '비전 2030'은 숲의 동물 서식지를 회복하고 협력업체들에 지속가능한 숲 관리를 위한 지식과 방법을 제공하겠다는 것을 포함하고 있다. 인터내셔널 페이퍼는 이와 함께 브라질의 애틀랜틱 숲에서 핵심적인 삼림지를 회복시키기 위해 WWF와 파트너십을 맺었다. 또 물 관리 측면에서 생산시설 주변의 수생 환경을 보호하기 위해 생산 과정에서 처리한 물의 90%를 되돌려 보내고 있으며 물 사용량을 25% 줄이기로 했다. 이밖에 솔개 같은 조류를 보호하기 위해 미국 조류 관리단American Bird Conservancy과 협업하고 있다.

그러면 한국 기업들의 생물다양성 활동을 어떤 수준일까? 생물다양성 손실에 대응하는 기업 활동이 아직 활발한 편은 아니다. 지속가능경영보고서에도 생물다양성에 관한 정책이나 활동을 기술한 기업은 많지 않다. 하지만, 일부 기업들이 나름대로의 프로젝트를 통해 생물다양성을 보전하는 방안을 추진하고 있다. 한국 기업과 외국기업들의 생물다양성 활동을 비교해보면 외국기업들은 경영철학과 전략에 생물다양성을 반영하고 사업 활동과 공급체인 전반에서 생물다양성 개선 활동을 하는 특징을 보이고 있는 반면에 한국 기업들은 생물다양성을 경영철학과 전략에 포함시키는 단계에는 이르지 못한 상태에서 일종의 사회적 책임 활동의 형식으로 추진하는 모습을 보이고 있다. 여기에서 전국경제인연합회가 『2022 K-기업 ESG 백서』에서 소개한 기업의 생물다양성 보전 활동을 요약, 소개해본다.[60]

현대자동차

60 전국경제인연합회(2023.1.), 『2022 K-기업 ESG 백서』

현대자동차와 트리플래닛은 2016년부터 5년 동안 인천 수도권 매립지에 23,250그루의 아이오닉 포레스트 나무를 심었다. 2021년부터는 전북 군산에 위치한 국립신시도 자연휴양림에서 자생종 식물을 보존하기 위한 프로젝트를 시작했다. 자연휴양공간 내 생물 다양성을 보전하기 위해 자생식물 보전 숲길을 만들었다

포스코홀딩스

포스코는 해양생태계 복원을 위해 바다숲 조성사업을 지속적으로 추진하고 있다. 철강 생산과정에서 주로 발생하는 슬래그에 칼슘과 철 등 해양생태계에 유용한 미네랄 함량이 높다는 점에 착안해 슬래그를 활용한 트리톤Triton 어초를 만들어 이를 갯녹음 지역에 설치했다. 현재까지 총 7천여 기의 트리톤 어초를 국내 갯녹음 발생 연안에 설치했다.

삼성물산

삼성물산 건설부문은 사업 시행으로 인해 생태계 교란 등 환경영향 발생 가능성이 있는 프로젝트들에 대해 사업 수행 전에 환경영향평가를 실시하고 저감방안을 수립하여 이행하고 있다. 저감방안의 일환으로 생물다양성 가치가 높은 6개 서식지 내에서 멸종위기 및 보호야생 동·식물 12종을 보호하기 위해 수달

보호판과 하늘다람쥐 인공 둥지를 설치했다. 또 삵과 담비 등의 번식기에는 공사 기간을 조정하는 등 보호 활동을 실시하고 있다.

삼성디스플레이

아산 사업장 인근에 위치한 가락바위 저수지를 인근 주민들과 함께 이용하는 수변공원으로 조성했다. 또 저수지 수질과 수변 환경을 개선하기 위해 14,000㎡ 규모의 총 6개 생태 식물섬과 수변식생대를 조성했다.

한국타이어

한국타이어는 대전의 멸종위기종 보전을 위해 2018년에 금강유역환경청, 대전시청 등과 함께 '대전지역 멸종위기종 살리기 사업'을 시행하기 위한 MOU를 체결하고, 2018년 10월부터 총 3년간 이 사업을 실시했다. 이 사업은 감돌고기와 멸종위기 식물 3종(미선나무, 솔붓꽃, 금붓꽃)을 복원하는 것을 목적으로 시행됐다.

S-Oil

S-Oil은 수달, 두루미, 어름치, 장수하늘소 등 천연기념물을 보호하기 위해 전문단체의 연구·보호 활동을 지원하고 있다. 또 공장 인근에 위치한 천연기념물인 목도 상록수림에 대한 환경정

화 활동도 정기적으로 펼치고 있다.

고려아연

고려아연은 사업장 인근 지역의 생물다양성에 미칠 수 있는 부정적 영향을 최소화하기 위해 생물다양성 보호 방침을 기반으로 사업장 위치한 지역에 서식하고 있는 동·식물군을 파악하고 멸종위기종 서식 여부를 확인해 경영활동으로 인한 잠재적 영향을 분석하고 있다.

생물다양성 손실에 대응하는 기업의 활동은 아직은 갈 길이 먼 상태이다. 하지만 생물다양성 이슈는 기후변화와 함께 ESG 환경경영의 본류로 빠르게 진입할 것으로 예상된다. 2022년 말에 글로벌 생물다양성 프레임워크 GBF에 대한 국제적 합의가 이뤄진데다 2023년 9월에 공시 표준안인 TNFD 최종안이 공표될 것으로 보이는 만큼 기업 경영에 적용되는 제도화 작업이 빨라질 것으로 보이기 때문이다. 아울러 ESG나 기후변화의 경우처럼 투자자들이 생물다양성 손실을 리스크로 보고 기업의 대응을 압박하고 있는 만큼 생물다양성이 기업 경영의 핵심이슈화하는 것은 시간문제인 것으로 보인다. 더구나 생물다양성은 기후변화와 밀접하게 맞물린 문제이다. 지구 온난화가 생물다양성을 훼손하고, 또 생물다양성 손실이 기후변화를 악화시키는 악순환에 빠

져있다. 기후변화와 생물다양성 손실 두 문제를 같이 해결해나가야 한다는 공감대가 확산되고 있는 이유이다. 이제는 자연을 되살려야 기업도 사는 생물다양성과 기업의 '이인삼각二人三脚' 현실을 받아들이고 적극적인 대응에 나서야 할 시점이다.

생물다양성 경영 전략

생물다양성 손실은 기업에 큰 리스크로 작용한다. 세계 GDP의 절반이 자연의 의존하고 있다는 사실은 자연에 큰 문제가 생겼을 경우 경제에 얼마나 큰 부정적 여파가 미칠지를 가늠케해주고 있다. 구체적으로 기업 리스크 측면에서 살펴보면, 기업가치와 사업, 그리고 상품 자체에 악영향을 주는 것은 물론 법률, 평판 등 면에서 다양한 리스크를 가져온다. 하지만 다른 한편으로는 자연을 회복시키는 과정에서 기업에 새로운 사업 기회가 열릴 수도 있다. WEF는 자연과 생물다양성을 보호하면 농업, 패션, 금융 등 분야에서 매년 10조 달러에 달하는 새로운 사업 기회가 열리고 새로운 일자리도 2030년까지 4억 개 가까이 창출될 것으로 내다보고 있다. 유엔환경계획UNEP은 자연을 회복시키는데 1달러를 쓰면 30달러의 경제적 유익이 창출된다고 추산하고 있다. 따라서 기업으로서는 생물다양성 손실로 인한 리스크에 대응하면서 생물다양성을 회복시켜 새로운 사업 기회와 가치를 만들어내는 경영에 적극적으로 나서야 한다.

기업이 생물다양성 경영에 나서면서 어려움을 겪는 점은 생물다양성 리스크에 대한 노출을 줄여나가면서 네이처 포지티브를 지향하는 이상理想을 어떻게 경영에 내재화해나갈 것인가 하는 데 있다. 서스테이널리틱스는 이와 관련해 다섯 단계의 대응 방법을 제시하고 있다.[61] 첫 단계는 밸류체인 전반에 대해 생물다양성 영향을 평가하는 것이다. 이는 지리적으로, 그리고 밸류체인 전반에서 생물다양성에 대한 중대한 영향과 의존도를 파악하는 것을 의미한다. 기업은 첫 단계에서 공급체인 영향에서부터 제품의 이용과 폐기 등 다운스트림 영향에 이르기까지 생물다양성 손실에 가장 취약한 활동과 지역, 그리고 상품을 확인해야 한다. 두 번째 단계는 생물다양성 손실의 완화 목표를 세우는 것이다. 생물다양성 관련 리스크를 모니터하고 진전 상황을 평가하기 위한 목표치를 세우는 게 여기에 해당한다. 이 목표치는 리스크뿐만 아니라 기회를 반영해야 한다. 아울러 핵심 생물다양성 측

61 SUSTAINALYTICS, 'Nature's Assets, Why Biodiversity is Good for Business'

정지표는 기존 ESG 모니터링 시스템에 통합돼 운용되는 게 바람직하다.

세 번째 단계에서 기업은 목표 달성을 위해 포괄적인 액션 플랜을 실행에 옮겨야 한다. 전략과 경영계획을 구체화하고 서식지 파괴, 과잉이용, 오염, 침입 외래종 등 생물다양성 손실을 가져오는 각각의 요인들에 대해 세밀하게 대응해야 한다. 쉬나이더 일렉트릭Schneider Electric은 이와 관련해 영향의 회피, 피할 수 없는 영향의 최소화, 생물다양성 회복 등 방안을 추진했다. 네 번째 단계에서 기업은 생물다양성에 관한 기업 지배구조를 강화해야 한다. 생물다양성 리스크와 기회를 관리하기 위한 견실한 지배구조를 세움으로써 생물다양성 관리에 대한 초점을 강화해야 한다. 이런 면에서 비즈니스 전반에 걸쳐 생물다양성 리스크를 확인, 소통, 완화하기 위한 절차를 정립해둘 필요가 있다. ESG와 관련해서는, 생물다양성 이슈를 기존 환경 리스크 관리에 통합하고 사회적 책임 활동이나 ESG 활동에 내재화하며 중요도가 커지는 생물다양성 이슈를 고위 경영진에 알리는 절차가 정해져야 한다. 특히 장기간에 걸쳐 생물다양성 리스크가 어떻게 변화해갈지를 파악하고 이를 전략과 운영 계획에 통합하는 게 바람직하다. 마지막 다섯 번째 단계는 생물다양성 이슈를 모니터링하고 보고하는 단계이다. 기업은 이 단계에서 생물다양성 중대성 평가 결과를 공시하고 완화 계획을 공유하는 게 좋다. 공시 기준과 관련해서는 TNFD같은 새로운 공시 프레임워크를 활용하는 게 바람직하다. 하지만 공시 부담을 줄이기 위해서 생물다양성 공시를 기존 재무 또는 비재무 공시에 포함시키는 것도 하나의 방법이다. 실제로 아우디는 생물다양성 공시를 지속가능 보고서에 통합했다.

서스테이널릭스가 제시한 다섯 단계는 생물다양성을 경영에 내재화하는 방안에 관한 것이다. 여기에서는 이와 유사한 내용이기는 하지만 생물다양성 전략의 수립에 초점을 맞춘 FTI컨설팅의 제언을 소개하려 한다. FTI컨설팅이 제시한 생물다양성 전략 수립은 마찬가지로 다섯 단계로 구성돼있다.[62] 첫 단계는 출발을 위한 기준점을 이해하는 것이다. 생물다양성 공시 프레임워크인 TNFD를 소개할 때 함께 얘기된 LEAP 접근 방식을 사용하면 기준점이 되는 리스크와 생물다양성에 대한 의존도 및 영향을 확인하는 데 도움이 될 것이라는 지적이다. 두 번째 단계는 '핵심 지점hotspot' 분석이다. 이 분석을 통해 어디에 리스크가 존재하고 어디에서 생물다양성에 대한 영향이 제일 큰지 파악하게 된다. 이 방식을 통해 기업은 부정적 영향을 줄이기 위해 어디에 노력을 집중해야 하는지를 알게 되는 것이다.

62 FTI CONSULTING(2022), 'Biodiversity:ESG's new frontier'

세 번째 단계는 프레임워크를 활용해 목표치를 정하는 단계이다. 이 때 활용되는 공시 프레임워크로는 TNFD, 자연자본 프로토콜Natural Capital Protocol 등이 있다. 이들 프레임워크는 자연 관련 재무 리스크를 포함해 무엇을 측정하고 공시할지를 정하는 가이드라인을 제시하고 있다. 생물다양성과 기후변화 전략을 통합해 이들 두 주제가 함께 적용되는 영역을 확인하는 것도 이 단계에서 이뤄질 수 있다. 다음으로 네 번째 단계는 생물다양성에 대한 부정적 영향을 축소하는 단계이다. 이를 위해서는 새로운 접근 방식이 필요한데 공급업체들이 생물다양성 친화적인 방식으로 제품을 생산하도록 지원하는 게 좋은 예이다. 마지막 단계는 자연을 회복시키고 향상시키는 일이다. 부정적 영향을 줄이는 데 그치지 말고 자연을 회복시키라는 얘기다. 그런데 자연 회복은 특정한 지역과 상품, 그리고 멸종위기에 놓인 종에 집중될 수 있다. 그런 만큼 중요한 점은 지역 전문가와 생태학자 등과 협업해야 한다는 것이다. 아울러 직원들이 네이처 포지티브에 기여하는 행동에 나서게 함으로써 자연회복 활동에 참여시키는 것도 필요하다.

이처럼 궁극적으로 자연 회복을 지향하는 기업의 목적은 네이처 포지티브를 목적지로 삼는 경영 행위이다. 네이처 포지티브는 구체적으로는 생물다양성 손실을 중단시키고 자연을 오는

2030년까지 2020년 이전 수준으로 회복시키는 것을 의미한다. 이같은 목표가 실현되면 기업은 생물다양성 손실로 인한 리스크를 크게 줄이고 새로운 사업 기회를 찾게 될 것으로 기대된다. 결국 네이처 포지티브가 기업 가치에 긍정적 영향을 가져오는 '비즈니스 포지티브' 전략이 되는 셈이다. 이와 관련해 60개 선진 기업의 자연 관련 행동 계획에 참여하고 있는 '지속가능 개발을 위한 세계 기업위원회WBCSD, World Business Council for Sustainable Development'는 '네이처 포지티브 로드맵'을 제시했다.[63] 이 로드맵의 특징은 2022년 12월에 채택된 생물다양성 프레임워크GBF의 실행을 돕기 위해 기업용 '자연 행동 프레임워크'를 제시했다는 데 있다.

WBCSD는 이 로드맵에서 네이처 포지티브로 가는 네 단계의 길을 제시하고 있다. 첫 번째 단계는 '평가Assess'이다. 중대한 이슈에 대해 정확하게 대응할 수 있도록 자연에 대한 영향과 의존도를 측정하고 평가하는 단계이다. 이 단계에서는 자연에 대한 가장 중요한 영향과 의존도를 선별해내기 위해 부문별 중대성 평가 등이 이뤄져야 한다. 다음 단계는 '약속Commit'이다. 이 단계에서는 네이처 포지티브에 기여하기 위해 과학에 기반을 둔 투명하고 구체적인 목표치를 세워야 한다. 특히 2030년까지 네이처 포

63 WBCSD(2022.12.), 'ROADMAPS TO NATURE POSITIVE'

지티브를 달성하기 위해 단기, 중기, 장기 목표를 수립해야 한다. 세 번째 단계는 '변혁Transform'이다. 이 단계에서 기업들은 밸류체인에 대한 영향뿐만 아니라 직접적으로 통제하는 경영시스템을 네이처 포지티브라는 목표에 맞춰 혁신해야 한다. 마지막 단계는 '공시Disclose'이다. 말 그대로 자연에 대한 전략, 리스크 관리, 지배구조, 그리고 목표 달성 정도 등을 투명하게 공시하는 것을 말한다. 이와 관련해서는 TNFD와 LEAP 접근 방식 등의 활용이 권고되고 있다. WBCSD의 로드맵은 자연 관련 실행의 수준에 따라 기업을 네 단계로 분류하고 있는데 그 내용은 아래 표와 같다.

표14 자연 관련 실행에 따른 기업 분류

단계	특징
시작 단계(Starting)	자연 관련 이슈를 확인하고 독립적인 실행
전개 단계(Developing)	자연 관련 영향과 의존도를 평가하고 높은 수준의 목표 설정
선진 단계(Advanced)	자연을 전략에 통합하고 측정 가능한 약속을 하며 밸류 체인의 우선적인 부문에 대해 전략적 행동 계획을 실행
선도 단계(Leading)	모든 잠재적인 영역에 대해 영향과 의존도를 평가하고 비즈니스 모델을 재정의하며 밸류 체인 전반을 동원

지금까지 소개한 생물다양성 경영 전략에 대한 3개 기관의 예시는 기업들이 생물다양성을 전략에 통합하고 내재화하는 데 도움이 될 것으로 기대한다. 통상 ESG를 논의하는 과정에서 중요 이슈로 제기되는 것 중의 하나가 '이중 중대성double materiality' 문제

인데 생물다양성과 관련해서도 이 이슈는 중요하다고 본다. 기업이 생물다양성에 어떤 부정적인 영향을 미치는지를 파악하는 것과 함께 생물다양성 손실이 기업에 어떤 리스크를 가져다주는지를 동시에 살피는 관점의 균형이 중요하다는 얘기다. 이런 통합적인 시각을 통해 기업들이 자연을 보존하고 회복시키는 일에 나서는 것은 단순히 자연보호 활동이라는 사회적 책임 활동에 수준에 그치지 않는다. 리스크를 줄이고 기업 가치를 제고하며 새로운 사업 기회를 확보하는 본질적인 경영 활동인 것이다. 더 나아가 비즈니스 모델 자체에 변화를 주는 자연 친화적 경영을 본격화하는 일이다. 이제 자연을 지키는 일은 기업은 생존과 성장 여부에 중요한 열쇠를 쥔 핵심적인 경영 전략과 행동 계획으로 부상하고 있다.

지속가능한 사회·경제로 가는 길

이 책에서 다룬 생물다양성 손실은 경제와 자연의 관계에 대해 본질적인 문제를 던져주고 있다. 경제와 산업의 성장을 위해 자연을 '이용 대상'으로만 봤던 일차원적 사고에서 자연과 조화롭게 공존하는 지속가능한 발전으로의 사고 대전환을 요구하고 있다. 무엇보다 팬데믹은 문명이 자연에 지나치게 가까이 다가서면 자연이 혹독한 방식으로 반응할 수 있음을 깨닫게 해주었다. 문제는 여기에 그치지 않는다. 자연은 더는 견디기 어려운 임계점에 이르렀다. 그리고 이게 경제와 기업에 커다란 리스크로 작용하는 '부메랑'으로 되돌아오고 있다. 각국 정부와 국제기구, 투자자와 금융기관들이 생물다양성 문제 해결에 비상을 걸고 나선 이유이다.

유엔환경계획UNEP은 현재의 경제성장 방식이 갖는 문제점을 지적하고 있다. "생물다양성 손실과 기후 변화는 전통적 방식의 경제성장이 현세대와 미래 세대가 원하는 삶의 질을 가져다 주지 못하고 있음을 말해주고 있다". UNEP가 던진 화두이다. UNEP는 경제성장을 측정하는 지표인 국내총생산GDP에 심각한 결함이 있다고 보고 있다. GDP는 비옥한 토지의 제공, 맑은 공기와 물의 공급, 재난 방지 등 자연의 긍정적 기능은 물론 숲과 습지의 상실, 공기 오염 등 자연자본의 훼손도 전혀 고려하고 있지 않다. GDP보다 더 나은 측정지표가 필요하다는 주장이 제기되고 있는 이유이다. UNEP는 '포용적 부富 지수IWI, Inclusive Wealth Index'라는 대안을 제시했다. IWI는 상품과 서비스의 생산뿐만 아니라 자연자산과 인적 자산 등을 포괄해 한 국가가 지속가능하게 성장하고 있는지를 진단하고 있다. 140개국에 적용해 지표를 산출해본 결과, 1990년~2014년의 기간 동안 IWI의 연평균 성장률은 1.8%에 그쳤다. 같은 기간 중 GDP 성장률인 3.4%의 절반에 불과한 수준이다. 자연자본이 감소한 게 주원인으로 분석되고 있다. 자연자본의 훼손 정도를 고려하면 그동안 높게 보였던 경제성장률이 허상이었음을 잘 보여주는 연구 결과이다.

중앙은행들도 자연 훼손 이슈를 심각한 시선으로 들여다보고 있다. 중앙은행과 감독기구의 글로벌 협의체인 '녹색 금융시스템을 위한 네트워크NGFS'는 지구 시스템의 안정성이 위기에 직면해있다고 경고하고 나섰다. NGFS는 생물다양성 손실을 포함한 자연 관련 리스크가 거시 경제에 중대한 영향을 주고 있다며 이에 잘 대응하지 못하면 금융기관과 금융안정에 리스크 요인이 될 수 있다고 지적했다. 그런 만큼 이에 대한 대응 전략을 수립할 필요가 있다는 게 NGFS의 입장이다. 각국의 금융당국이 생물다양성 손실 문제를 그린 금융과 환경리스크 관리 전략에 포함시켜야 한다는 것이다. NGFS는 또 생물다양성 관련 리스크를 관리하고 그 리스크가 생태계에 가져오는 부정적 영향을 최소화하기 위해 금융감독 정책이 대응에 나서야 함을 주장했다. 특히 '생물다양성 포지티브 경제'를 실현하기 위한 정책 대안을 제시했다. 어떤 게 생물다양성에 부합하는 활동인지를 분류하는 기준인 '택소노미'를 개발하고, ESG 등급 평가에 생물다양성을 포함시키자는 방안이 여기에 해당된다. 이와 함께 보다 큰 틀에서 중앙은행이 통화 공급과 금리 등을 대상으로 한 통화 정책을 시행할 때 생물다양성 문제를 통합해 고려하고, 중앙은행의 투자 정책이 생물다양성 보호 이슈를 함께 통합해야 한다는 의견도 제시됐다. 이 같은 입장은 생물다양성 손실 문제가 경제와 금융에 미치는 부정적 영향에 대해 중앙은행과 감독당국들이 얼마나 심각한 우려를 가지고 있는지를 말해주고 있다. NGFS가 팔을 걷어

부치고 나선 만큼 생물다양성이 앞으로 통화 및 금융감독 정책에서 주요한 이슈로 떠오를 것임을 예고해주고 있다.

현재 글로벌 ESG 공시 기준의 표준화 작업을 추진하고 있는 ISSB국제지속가능성기준위원회도 생물다양성을 중요한 이슈로 들여다보고 있다. ISSB는 6월 말에 기후공시를 포함한 지속가능 공시 표준안을 발표한 이후 추가적인 공시 기준을 만들 때 다룰 이슈로 생물다양성과 인적 자원, 그리고 공급체인의 인권 문제를 정했다. ISSB는 1차로 성안할 예정인 기후 공시 방안을 생물다양성 이슈와 연계시키기로 하고, 9월에 최종안이 발표될 자연 공시 프레임워크인 TNFD와 연동하는 방안을 추진하고 있다.

지금까지 소개한 UNEP와 각국 중앙은행, 그리고 ISSB의 입장이 말해주고 있는 것은 생물다양성이 경제 운용과 금융, 그리고 산업에 패러다임의 전환을 가져올 것이라는 점이다. 이젠 생물다양성을 고려하지 않는 경제 운용은 어려운 상황이 됐다. 기업들도 경영 리스크를 줄여나가기 위해 자연을 훼손하지 않으면서 회복시켜 나가는 '네이처 포지티브 경영'이 '기본'이 될 것으로 보인다. 통화와 금융정책은 물론 금융과 자본시장도 생물다양성을 주요 리스크 변수로 고려하는 '생물다양성 관리 시대'가 열릴 전망이다. 결국 이 모든 것은 지속가능한 경제의 실현을 지향하고 있다. 지속가능발전법 제2조는 '지속가능성'을 '현재 세대의 필요를 충족시키기 위하여 미래 세대가 사용할 경제·사회·환경 등의 자원을 낭비하거나 여건을 저하시키지 아니하고 서로 조화와 균형을 이루는 것'으로, '지속가능발전'을 '지속가능성에 기초하여 경제의 성장, 사회의 안정과 통합 및 환경의 보전이 균형을 이루는 발전'으로 정의하고 있다. 이 정의 대로 지속가능한 경제는 경제 성장과 환경 보전이라는 두 바퀴가 균형을 이룰 때 안정적으로 굴러갈 수 있다. 생물다양성 손실을 더 이상 방치하고 않고 자연을 회복시켜 나가는 게 경제와 산업도 지속가능하게 하는 '맥점'으로 부상하고 있다.

‖ 부록 1 ‖

글로벌 생물다양성 프레임워크GBF 2030년 실천목표 23개

생물다양성 위협 저감 실천목표

실천목표 1

— 모든 지역이 생물다양성이 통합된 공간계획과 토지 및 해양의 이용변화 등 효과적인 관리절차 하에 있도록 보장, 생물다양성의 중요도가 높은 지역의 손실을 완전히 없앰(토착민과 지역사회의 권리를 존중)

실천목표 2

— 최소 30%의 훼손된 육지, 담수, 해양 및 연안 생태계를 효과적

64 환경부(2022.12.20.), 보도참고자료 '제15차 생물다양성협약 당사국총회(COP15) 마무리'

으로 복원해 생물다양성 및 생태계 기능, 서비스, 생태적 온전성과 연결성을 강화시킴

실천목표 3

— 육지, 담수, 해양 및 연안 지역(특히 생물다양성과 생태계 기능 및 서비스 측면에서 중요한 지역)의 최소 30%가 보호지역 및 기타 효과적인 지역 기반 보전 관리 체계를 통해 효과적으로 보전·관리됨

실천목표 4

— 인간이 초래하는 것으로 알려진 멸종을 중단시키고 멸종위기종 등을 보전·복원하며, 토착종·야생종·가축종의 유전적 다양성을 유지·복원하여 적응력을 유지하고, 현지 내와 현지 외 보전 및 지속가능한 관리 규범, 효과적으로 관리되는 인간과 야생동물의 상호작용(충돌 최소화)을 통해 공존을 도모

실천목표 5

— 야생종의 이용, 수확, 거래가 지속가능하고, 안전하고, 합법적이도록 하며, 남획 방지, 의도치 않은 종과 생태계에 대한 영향 최소화, 병원균 유출 위험을 감소시키고 생태계 접근법을 적용함

실천목표 6

— 외래종의 유입경로를 확인·관리하고, 우선순위 침입외래종의 유입 및 정착을 막음으로써 침입외래종의 영향을 제거, 최소화, 감소시키거나 저감시키고, 침입외래종의 개체수를 제거 또는 조절하여 알려진 또는 잠재적인 침입외래종의 유입 및 정착률을 최소 50% 낮춤(특히 섬과 같은 우선순위 지역에서)

실천목표 7

— 보다 효율적인 영양순환 및 이용 등을 통해 환경에서 유실되는 과다영양을 최소 절반으로 저감(식량안보와 생계를 고려), 과학 기반의 통합적 관리 등을 통해 살충제와 매우 유해한 화학물질로부터의 위험을 절반으로 감소, 플라스틱 오염의 방지 및 감소·제거를 위해 노력

실천목표 8

— 자연기반 해법과 생태계기반 접근을 포함한 저감, 적응, 재해위험 감소 행동을 통해 기후변화 및 해양 산성화가 생물다양성에 미치는 영향을 최소화하고, 생물다양성의 회복력을 증진(동시에 기후행동이 생물다양성에 미치는 부정적 영향은 최소화하고 긍정적 영향은 촉진)

지속가능한 이용 및 이익 공유 관련 실천목표

실천목표 9

— 사람들(특히, 취약한 상황에 처해 있거나 생물다양성 의존도가 큰)에게 사회적·경제적·환경적 이익이 되도록 생물다양성 기반 활동, 제품, 서비스를 포함하여 야생종 관리 및 이용이 지속가능하도록 보장

실천목표 10

— 농생태적 및 기타 혁신적 접근법을 포함한 생물다양성의 지속가능한 이용과 생물다양성에 친화적인 관습을 통해 농업, 양식업, 어업 및 임업이 이뤄지는 지역을 지속가능하게 관리하고, 이러한 생산체계의 회복력, 장기적 효율성 및 생산성과 식량안보에 기여

실천목표 11

— 자연기반 해법과 생태계기반접근법을 통해 대기, 물, 기후, 토양 건강, 질병 위험의 조절, 자연재해로부터의 보호와 같은 생태계 기능 및 서비스를 포함한 자연의 인간에 대한 기여를 복원, 유지 및 강화

실천목표 12

— 생물다양성의 보전과 지속가능한 이용을 주류화함으로써 도시 및 인구 밀집지역의 그린 및 블루 인프라의 면적과 품질, 접근성 및 이익을 증가시키고, 생물다양성이 통합된 도시계획을 보장하고, 토착 생물다양성과 생태적 연결성·온전성을 증진시키고, 인간 건강과 웰빙, 자연과의 연결을 개선하여 포용적이고 지속가능한 도시개발과 생태계 기능과 서비스 제공에 기여

실천목표 13

— 유전자원의 이용, 유전자원에 관한 디지털 서열정보 및 전통지식으로부터 발생한 이익의 공정·공평한 공유의 보장을 위해 적용가능한 국제적 접근 및 이익공유에 관한 문서에 따라 유전자원에 대한 적절한 접근을 촉진하고, 이익 공유의 상당한 증가를 촉진시키며, 모든 수준에서 효과적인 법적·정책적·행정적 및 역량 강화 조치를 취함

이행 및 주류화 관련 실천목표

실천목표 14

— 모든 공공 및 민간의 활동, 재정 및 금융 흐름을 프레임워크의 목표 및 실천목표에 점진적으로 동조화시키고, 정부의 전 부문

에 걸쳐 정책, 규제, 계획 및 개발과정, 빈곤퇴치전략, 전략환경평가 및 환경영향평가, 국가 회계에 생물다양성과 그 다중 가치의 완전한 통합을 보장

실천목표 15

— 생물다양성에 대한 부정적인 영향을 점진적으로 줄이고, 긍정적인 영향을 증가시키며, 비즈니스 및 재정 분야 생물다양성 관련 위험의 감소, 지속가능한 생산 패턴을 보장하기 위한 사업을 활성화하기 위한 법적·행정적·정책적 조치를 취하며, 특히 대기업과 다국적 기업, 금융기관이 다음의 조치를 취하도록 보장:

(a) 운영, 공급 및 가치 사슬, 포트폴리오에 따라 모든 대형 및 다국적 기업, 금융기관이 생물다양성에 대한 요구 및 위험, 의존도 및 영향을 정기적으로 모니터링, 평가, 투명하게 공개

(b) 지속가능한 소비패턴을 촉진하는데 필요한 정보를 소비자에게 제공

(c) 해당되는 경우, 접근 및 이익공유 규정 및 조치 준수에 대해 보고

실천목표 16

— 지원 정책, 입법 및 규제체계의 수립을 포함하여 교육, 정확한 정

보 제공 및 대안에 대한 접근 개선을 통해 사람들이 지속가능한 소비를 선택할 수 있도록 격려하고, 모든 사람들이 지구와 조화롭게 살 수 있도록 공평한 방식으로 전세계 소비 발자국을 줄이고, 음식 물류 폐기물을 절반으로 줄이며, 과소비와 폐기물 발생을 줄임

실천목표 17

— 생물다양성협약 제8조(g)항에 규정된 생물안전 조치와 협약 제19조에 규정된 생명공학의 취급 및 그 이익 분배를 위한 조치를 모든 국가에서 수립·강화 및 시행

실천목표 18

— 가장 유해한 보조금부터 정당하고 공정하고 적절한 방식으로 생물다양성에 유해한 인센티브·보조금을 2025년까지 규명하고, 제거하고, 단계적으로 폐지하거나 개혁하고(2030년까지 매년 5,000억 달러를 저감하면서), 생물다양성의 보전과 지속가능한 이용에 긍정적인 인센티브는 증가시킴

실천목표 19

— 국가생물다양성전략 및 실행계획의 이행을 위해, 협약 제20조에 따라 국내, 국제, 공공 및 민간 자원을 포함하여 효과적이고 시

기적절하며 쉽게 접근할 수 있는 아래의 방법을 포함한 방법으로, 모든 출처의 재정자원 수준을 실질적이고 점진적으로 증가시킴(2030년까지 매년 최소 2,000억 달러를 동원)

(a) 선진국 및 자발적으로 선진국 의무를 질 당사국으로부터 개발도상국들(특히, 최빈개도국, 군소도서개도국, 경제적 과도기에 있는 국가들)으로의 생물다양성과 관련된 국제재원 흐름을 증대

(b) 국가의 필요, 우선순위 및 상황에 따라 국가 생물다양성 재정계획 또는 이와 유사한 조치의 준비 및 이행으로 국내 자원 동원의 증대를 촉진

(c) 민간금융 활용, 혼합 금융 촉진, 신규 및 추가 자원 동원 전략의 이행, 기금 및 기타 수단을 포함한 민간 부문의 생물다양성 투자 장려

(d) 생태계서비스 지불제, 녹색 채권, 생물다양성 상쇄 및 증명서, 이익공유 메커니즘, 환경 및 사회 안전장치와 같은 혁신적인 계획을 촉진

(e) 생물다양성 및 기후 위기를 대상으로 한 금융의 공동편익 및 시너지 최적화

(f) 토착민과 지역사회를 포함한 집단행동의 역할 강화, 지역사회 기반 천연자원 관리 및 시민사회 협력과 생물다양성 보전을 목표로 하는 연대를 포함한 지구 중심 행동과 비 시장 기반 접근방식

(g) 자원제공 및 이용의 효과성, 효율성 및 투명성 제고

실천목표 20

— 효과적인 이행 요구(특히, 개도국의)를 충족시키기 위한 공동 기술 개발 및 공동 과학연구 프로그램을 육성하고, 프레임워크에 상응하는 연구 및 모니터링 역량을 강화하고, 남-남, 북-남, 삼각 협력을 통해 역량구축 및 개발, 기술 접근 및 이전을 강화하고 혁신 및 과학기술협력의 개발 및 접근을 촉진

실천목표 21

— 효과적이고 공정한 거버넌스, 생물다양성의 통합적·참여적인 관리와 소통, 인식 제고, 교육, 모니터링, 연구 및 지식관리 강화를 위해 의사결정자, 실무자 및 대중이 최상의 데이터, 정보 및 지식에 접근할 수 있도록 보장

실천목표 22

— 토착민 문화와 토지, 영토, 자원, 전통 지식에 대한 권리를 존중하고, 여성 및 소녀, 어린이와 청소년, 장애인들의 완전한, 공평한, 포괄적·효과적인, 성인지적인 대표성과 의사결정 참여를 보장하고, 토착민과 지역사회에 의한 생물다양성과 관련된 정당성과 정보에 대한 접근을 보장

실천목표 23

— 생물다양성과 관련한 모든 수준의 행동, 참여, 정책 및 의사결정에서 토지 및 천연자원에 대한 동등한 권리와 접근 및 완전하고, 공평하고, 의미있고, 정보에 입각한 참여와 리더십을 인정하는 것을 포함하여, 모든 여성 및 소녀가 협약의 세 가지 목표에 기여할 수 있는 동등한 기회와 능력을 갖는 성인지적인 접근법을 통해 프레임워크 이행에서 양성평등을 보장

생물다양성 용어 정리

국가 생물다양성 전략 및 실행 계획 National Biodiversity Strategy and Action Plans

생물다양성협약CBD은 참가 각국이 협약의 목표를 달성하기 위한 구체적 활동과 목표치 등을 담은 국가 생물다양성 전략과 실행 계획을 수립하도록 요구하고 있다.

네이처 포지티브 Nature positive

세계자연기금WWF의 정의에 따르면, 네이처 포지티브는 종과 생태계 등의 건강성, 다양성, 그리고 회복력을 확충함으로써 자연 손실을 중단시키고 되돌려 오는 2030년까지 자연이 회복의 길로 들어서게 하는 것을 뜻한다.

멸종Extinction

종의 재생산 실패와 종의 남아있는 모든 개체의 죽음에 따라 종이 멸절된 상태이다.

보존Conservation

미래세대의 수요를 충족시키기 위해 자연의 잠재력을 유지함과 동시에 현세대가 지속가능한 자연의 이익을 향유할 수 있도록 자연을 관리하는 것이다.

보호지역Protected Area

법률이나 행정 조치에 의해 생물다양성과 자연 및 문화 자원을 보호하고 유지하는 육지와 해양 지역

생물다양성Biodiversity

생물학적 다양성(Biological diversity)의 약자로 모든 형태의 생물의 다양성을 뜻한다. 여기에는 종의 다양성, 동일 종 내에서의 유전적 다양성, 그리고 생태계 다양성이 포함돼있다.

생물다양성 손실 Biodiversity loss

그동안 무분별한 개발과 인구 증가, 이에 따른 자연 자원의 과잉이용, 그리고 환경 훼손 등이 생물다양성의 손실을 가져왔다. 종이 수적으로

크게 감소하고 멸종위기 종이 늘어나며 생태계가 훼손되는 등의 현상을 말한다.

생물다양성협약Convention on Biological Diversity

생물다양성을 보전하고 그 구성요소를 지속가능하게 이용하며 생물유전자원으로부터 발생하는 이익을 공정하고 공평하게 공유하는 것을 목적으로 1992년 5월 유엔환경개발회의에서 채택된 협약이다. 1993년 12월 29일 발효됐다. 우리나라는 1994년 10월 3일에 가입했다.

생태계Ecosystem

동식물이 서로 상호 작용하고 또 숲, 습지, 산, 호소, 강, 사막, 농지 등 환경과 상호 작용하는 자율적 공간이다.

생태계서비스Ecosystem services

자연환경이 사람에게 유용한 혜택을 생산해내는 과정을 말한다. 맑은 물과 공기 공급, 화분매개, 환경 재난의 완화, 병해충과 질병 통제, 탄소 저장 등이 대표적 예이다.

유전적 다양성 Genetic diversity

특정한 종이나 인구 내의 유전자의 다양성

절멸 위기 종 Threatened species

예측 가능한 미래에 멸종할 가능성이 있는 종

자연자본Natural capital

가치를 창출하는 자연 자원의 총량으로 모든 생물과 토지, 물, 공기, 자원, 숲 등이 포함돼있다. 자연자본은 생태계 서비스를 제공한다.

종의 다양성 Species diversity

한 지역에서의 종의 숫자와 다양성

지속가능한 발전 Sustainable development

미래 세대의 필요를 훼손하지 않으면서 현세대의 필요를 충족시키는 발전

침입종Invasive species

의도적으로나 우연히 자연적으로 서식하지 않은 지역에 들어와 고유종, 서식지, 그리고 생태계를 위협하는 종이다. '침입'이란 말이 쓰이는 이유는 이 종이 재생산 비율이 높아 고유종을 대체하기 때문이다.